令和上司のすすめ

「部下の力を引き出す」は
最高の仕事

飯田剛弘 著
Iida Yoshihiro

Encouragement of Reiwa Manager

B&Tブックス
日刊工業新聞社

はじめに

社会人になってから、多くの上司と出会いました。自分の上司はもちろんですが、自分の部下や同僚も、他の人にとっては上司だったりします。どの役職や立場であっても、部下を持っている人は「上司」です。そんな上司から多くのことを学びました。

私は外資系企業のＦＡＲＯに入社し、日本だけではなく、韓国、東南アジア、オセアニア地域のマーケティングを統括してきました。アジア以外にもドイツやアメリカなど、国や部署が違うリーダーやマネージャーと言われる上司たちとも仕事をしてきました。

一緒に仕事をすることで、グローバル環境下の厳しい状況でも柔軟に対応し、何とかして結果を出す働き方に接してきました。それは、多様な文化背景や経験を持つメンバーに共通の価値基準を持たせ、コミットした目標に向けて協働させていく働き方です。

このグローバルで活躍する上司の働き方、特に共通してみられる行動特性は、今まで以上に、日本の上司に必要なものになるだろうと考えています。部下や後輩を持ったら知っておきたいことばかりです。令和の時代に求められる、この上司の働き方、それを実践できるのが『令和上司』です。

企業は、テレワークやフレックスタイム制などの働き方の多様性、ワークライフバランスの充実を支援することが要求されています。また私たちは、一人ひとりが生産性を高め、成果を上げることが求められています。つまり、企業だけではなく、私たちにとっても、「仕事のやり方の変革」が求められているのです。

実際に私たちは、性別や年齢、国籍などが違う多様な人たちと仕事をしています。転職や副業など、キャリアや働き方において、さまざまな考え方や選択肢も増えてきています。今後、社会情勢やビジネス環境の変化により、この流れはさらに加速するでしょう。

企業も個人も、これまで通りのやり方ではうまくいかなくなるでしょう。例えば、承認プロセスが電子化されていないと、経費精算などの手続きは会社に来ないとできません。これは会社の問題ですが、それ以上に、私たちは「そもそも非効率なことをやっているのでは？」「もっと他に効率的なことがあるのでは？」と、根本から物事を捉え直すという視点を各自が持たなければなりません。

従来のやり方を考えずに続けてしまうと、スピードは上がらず、成果も出ないのです。

さらに終身雇用制度の崩壊、年金支給開始年齢のさらなる引き上げなどを考えると、まだまだ長い仕事人生をどう生きていくか考えなければなりません。「もういい年齢だから」と諦めるのではなく、このあと紹介する令和上司の働き方を参考に、やれていないと感じるところはトライしてみてください。きっと今まで以上に自分らしいキャリアを築き、みなさんの人生も輝くはずです。

『令和上司』とは？

本書では、グローバルで活躍する上司の行動特性を持ち、令和の時代に求められるであろう上司を『令和上司』としています。

令和上司は、リーダーとしてチームや部下の成長を促し、結果を出します。相手の力を引き出すことが上手いです。チャレンジをさせたり、アドバイスやフィードバックを与えたり、コーチングしたりして、部下に大きな変化をもたらします。部下一人ひとりが成果を出し、チームとして目標を達成します。実績を作っていくことで、部下は自信をつけ、さらに成長を続けます。また部下を育てることによって、上司自身もラクになり、新しいことにチャレンジできるようになります。さらにその育てる経験から学び、自信につながり、仕事にやりがいを感じ、周りからも評価されるでしょう。

令和上司は共感力を持って、相手の話を聴きます。部下を通じて、自分一人では得ることができない情報やノウハウにリーチします。さまざまな情報を吸い上げ、現場や相手のことを理解し、経験したことのないトラブルや問題にも対峙します。いろいろな状況を直接的あるいは間接的に体験をして、膨大なインプットをします。

つまり、自分一人による偏った経験や知識だけではなく、複数の人の最新の知識や経験を吸収しているのです。そして多様な価値観や考え方、意見を取り入れることで、あらゆる状況に柔軟に対応できるようになるのです。

令和上司の働き方を手に入れれば、部下を成長させ、チームとして結果を出すだけではありません。部下の力を引き出す経験を通じて、あなたはさらに成長できるのです。

本書では、上司として知っておくべきことをまとめています。現在、管理職の方だけではなく、これから部下や後輩を持つ立場の人にも参考になります。本書で紹介している内容は、人と人とのつながりを大切にした、実直なまでに地道な仕事の考え方や行動です。大事なことは、「知っている」ではなく、実際に「実践する」ことです。シンプルなものばかりですが、これに従い、実践すれば、どんな会社でも活躍できるでしょう。

本書が、今後、さらに活躍するあなたのキャリアに役立つことができれば、これにまさる喜びはありません。

本書の流れ

第1章では、今後さらに多様化する職場で求められる、上司の押さえておくべき基礎的な働き方を紹介します。第2章では、部下との働き方、接し方、育て方の現状について振

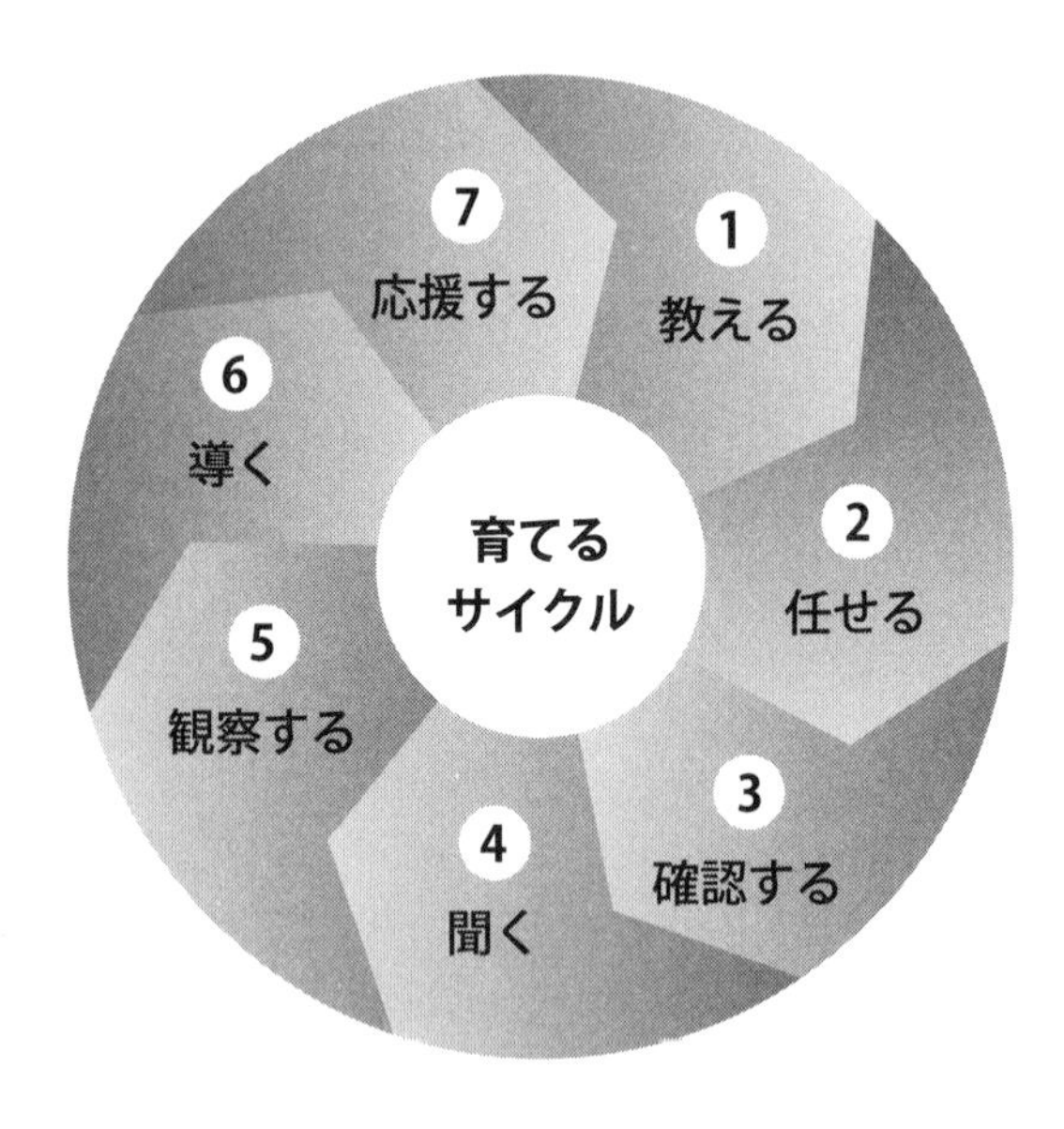

育てる基本サイクル

り返ります。そして、第3章から育てる基本サイクルを基に紹介していきます。

第3章では、部下が仕事に取りかかれるように、最低限「教える」べきことについて紹介しています。

第4章は、部下が一人で進めていけそうなら、どんどん「任せる」方法についてです。

第5章は、部下を放置せずに、しっかり部下をフォローし、「確認」することについてです。

第6章では、相手の話をきち

んと「聞く」ポイントを紹介しています。

第7章は、部下へフィードバックするための「観察する」方法についてです。

第8章では、ある程度できる部下に対して、できる上司の考え方やアプローチができるように、質問しコーチングする、部下を「導く」方法を紹介しています。

第9章では、部下を「応援する」ポイントについてです。

そして第10章では、部下を育てることで自分が成長できることについて紹介しています。

簡易チェックリスト

本書の読み方ですが、みなさんの興味のあるところから読める構成になっています。また、次ページのチェックリストを使って、チェックした項目が多かった章から読めるアプローチも用意しております。短時間で気になるところだけ拾い読みすることもできます。みなさんの読みやすい方法で読んでいただければと思います。

チェック項目	おすすめ
□ 相手の悩みや望むことに共感し、理解したい	第1章（多様性）
□ 他人が得た経験や最新の知識を学びたい	
□ 自分の期待や考えを言葉にして、具体的に伝えたい	
□ 時代にあったやり方で部下を育てたい	第2章（向き合い方）
□「モチベーション」に頼らず、部下に仕事をしてほしい	
□ 部下の成長を応援していることを態度や言葉で示したい	
□ 誰でもわかる具体的な目標を設定したい	第3章（教える）
□ 部下のスキルアップをサポートしたい	
□ 部下が最短で成果を出せるように教えたい	
□ 仕事をどんどん任せたい	第4章（任せる）
□ 相手を傷つける任せ方をやめたい	
□ 部下のやり方や進め方については口出ししたくない	
□ チームが何に取り組んでいて、どういう状況かを把握したい	第5章（確認する）
□ 部下が気持ちよく情報共有できる環境や仕組みを作りたい	
□ コミュニケーションをする機会や場を増やしたい	
□ 忙しくても、時間を調整して部下の相談に乗りたい	第6章（聞く）
□ 感情的にならないような考え方やテクニックを取り入れたい	
□ 思い込みを捨て、相手の話を聴きたい	
□ 部下の成長のためにフィードバックしたい	第7章（観察する）
□ 部下を褒めたい	
□ 現状に満足せず、改善を求め、言うべきことは言いたい	
□ 目標達成や課題解決に向けて、行動を促せるように問いかけたい	第8章（導く）
□ 相手の考え方や発想の転換ができるような質問をしたい	
□ 要望を伝え、部下にコミットしてもらいたい	
□ 部下のモチベーションを上げたい	第9章（応援する）
□ 部下のやる気スイッチを見つけたい	
□ チームが働きやすい雰囲気を作りたい	
□ 情熱や気力云々の前に、体力をつけたい	第10章（自己成長）
□ 自己分析して、勝負する場と成長課題を見つけたい	
□ 自分との対話を増やし、これからのキャリアを設計したい	

目次

第1章
多様なメンバーと仕事ができなきゃ上司じゃない

第2章
「私の方が優れている」が部下育成を妨げる

第3章 教えるべきことを整理する【教える力】

第4章 部下が活躍できるように授ける【任せる力】

第5章
ほったらかしせずにフォローする【確認する力】

第6章
自分が話すよりも相手の話に耳を傾ける【聞く力】

第7章 前向きになる率直なフィードバックをする【観察する力】

第8章 相手の能力を引き出せるように質問し、コーチングする【導く力】

第9章
部下のやる気を引き出し、成長を加速させる【応援する力】

第10章 自分も成長し、成果を出し続ける

第1章

多様なメンバーと仕事ができなきゃ上司じゃない

多様性に対する「共感力」は必要不可欠

仕事は、人と人との「つながり」や「関わり合い」で成り立っています。そのため、人間について深く知ることはとても大切です。特に、相手が悩んでいることや困っていること、そして何を望んでいるかを理解することが重要です。「相手の立場に立って、どれだけ考えられるか、理解できるか」という共感力は、コミュニケーションだけではなく、仕事が円滑に進められるかにも影響します。

令和上司は、**相手を主語にして「相手は、なぜ○○するのだろう?」というスタンスで話を聞き、**観察します。**自分の経験や知識とつい関連づけてしまい、偏った見方や自分の思い込みに惑わされることはありません。相手の姿をそのまま見ようとします。**

このように、できる上司は共感力が高く、相手との信頼関係をしっかり築きます。相手の話を興味深く聞いたり、相手の心に響く発言をしたりして、相手と心をうまく通い合わせます。ただ、ここでいう**共感力は、感情移入するというよりは、相手が悩んでいる「こと」、望んでいる「こと」を理解する力**です。

また、令和上司は**「完全に理解することはできない」**ことをわかっています。そのため相手の話に耳を傾け、相手を理解しようとします。「自分たちは理解し合えているから、大丈夫」と決めつけることはありません。確かに、長い間一緒に働いた人同士なら、お互いの理解が深まり、共通の知識や背景、慣習があります。ある程度、言葉を省いても、コミュニケーションが少なくても理解し合えるかもしれません。

ですが、私たちを取り巻くビジネス環境は目まぐるしく変化しています。国籍、年齢、性別などの属性、人生観やキャリア観などの価値観、経験や知識などの能力をはじめ、あらゆるものが多様化しています。例えば、転職したばかりの社員、年上部下、時短勤務の人、テレワークしている人などいろいろな人がいます。

そのため、従来のやり方や考え方では、仕事をする上での共通認識を持つことが難しくなってきています。ミスコミュニケーションを起こすリスクが高くなっているのです。例えば、若い世代とテレワークによる働き方やクラウドサービスの活用について話し合っているとき、お互いに理解し合えているでしょうか。今まで以上に、**一つひとつ相手の考えを確認するコミュニケーションが必要**になってきています。

相手だけではなく、自分自身も観察する

相手の立場で考えられるように、普段から人に対して親切にしようと心がけることは大切です。ですが、私たちはつい相手に期待し、見返りを求めます。自分中心の考え方になり、親切にしようと思っても、なかなかできません。

そのため相手に少しでも寄り添えるように、相手と会話するときは、相手の雰囲気や表情などに気を配ります。相手を否定せず、黙って、相手の話をうなづきながら聞き、相手の言ったことを繰り返すことも大切です。例えば、「企画が通ってよかった」と相手が言えば、「(企画通って) よかったですね」と言います。**繰り返すことで相手を中心にした会話を進めることができます。**

ここで大事なことは、相手だけではなく、自分自身も観察することです。**自分の感情がどう揺れ動いているのかを知る**ことで、相手にイラッとすることは減ってきます。相手の悩んでいることや望んでいることを、そのままを理解できるようになっていきます。

結局、相手云々よりも、自分の感情や思い込みが、相手の話をそのまま受け入れない要

因になっているのです。自分をいかにコントロールできるかがポイントです。

ただ、相手の悩みを理解しようとすると、感情移入してしまい、自分も悩んで疲れてしまうことがあります。あくまで相手が悩んでいること、そのものに集中することが大切です。また聞いているときは、自分の思い込みに惑わされないように、**「ひょっとしたら、相手は〇〇かもしれない」を意識して、相手の立ち場になって想像を続けてください。**

共感先は相手です。自分の固定観念や先入観にとらわれないように、「相手」という主語を忘れてはいけません。

会話中は、「なぜ？」「だから何？」「ということは？」「何がそうさせているのか？」などの問いを意識しましょう。きちんと一つひとつ相手の考えや想いを確認するコミュニケーションが重要です。

相手のことや周りの状況の理解を深めながら、相手と向き合います。共感力を磨き、相手の悩みや望みを理解し助け合える、よりよい協力関係を築いていきましょう。

あなたの当たり前は当たり前ではない

いろいろな人と仕事をしていると、相手の考え方や行動が理解できず、ストレスを感じることがあります。あなたと相手が思う「当たり前」「普通」「常識」が違うためです。この原因は、立場や役割、環境や文化などの違いにより、共通認識や共通理解ができていないからです。**あなたの常識は相手の常識ではない**のです。

多様性のある社会で大事なことは、自分がわかっていないことを知ろうとすることです。私たちは自分と似た人を好む傾向があります。「自分と考えや行動が違う人と関わるのは苦手」という人は多いでしょう。

しかし、令和上司は、相手との違いを認め、うまく付き合おうとします。自分と違うものについて興味や関心を持ち、敬意を払う姿勢があります。例えば、海外の人とのやりとりでは相手の文化を尊重し、違いが存在するという事実を受け入れようとします。

その上で、その人と向き合おうとします。普段から人から学ぶ意識が高いため、相手が持っている経験や知識を実直に学びます。

他人と違う

自分の限られた経験や知識で、何となく好き嫌いや良い悪いを判断するのはよくありません。もったいないです。自分がわかっていないものや、他の人との考え方や意見の違いに好奇心を持つことは大事なことです。特に社内での仕事が増え、お客様や現場から離れていく人ほど、この違いを知ろうとすることが大切です。何も特別なことではなく、職場で起きるちょっとしたことでもいいと思います。

私が初めてシンガポール人の部下を持って間もない頃の話です。部下から「ＭＣ(Medical Certificate)：傷病休暇」で休むとメールがきました。当時、私は「ＭＣ」が法律で定められた病気休暇ということを知りませんでした。部下が何日か「MC」で休み、初めてそこで、「MC」というものが何か気になりました。そして、現地の同僚に聞くと「そんなことも知らないのか」と呆れた顔をされたのを今でも覚えています。

このときは、部下への思いやりのなさ、十分にサポートできなかったことに反省しました。経験の違い云々ではなく、休むことに対する〝普通〟が違っていたのです。これがきっかけで、休暇に対する考え方が変わりました。そして、自分がわかっていないことや確認していないことに、関心を持つ大切さも実感しました。

好奇心を持つ以外にも、自分と違うタイプの人と向き合おうとすることも大切です。自分とは違う考え方や見方に接すれば接するほど、相手を理解したり、心を通い合わせたり、共感力が鍛えられたりします。遠慮をせずに他部署の人や海外の人、世代が違う人たち、普段一緒に仕事をしない人たちとも積極的に関わってみましょう。趣味を通じて人間関係を広げるのもいいと思います。

「自分の当たり前が相手の当たり前でない」経験ができる機会を増やすことは大切です。自分とは全然違う人たちと、何かしらやりとりできることを考えてみましょう。

事実と論理で信頼を得る

令和上司は、限られた時間内で、できるだけ多くのデータを集めます。その集めた事実と組織が大切にする価値基準を踏まえ、合理的に判断し、最善の選択をしようとします。そのため、**自分が意思決定したことに対して論理的に説明でき、自信を持っています。**

他人に何か言われたとき、意見は聞いても、振り回されることはありません。考えがブレないため、周りの人からも信頼を得ます。

詳しくは後述しますが、チームでの価値観が共有できていれば、概ね似たような判断をします。チームとしてスピーディーに物事を進めることができます。

また、自分が思っていた決定結果でない場合、自分が知らない情報があるだろうと考えるようになっていきます。そして、できる上司は「なぜそうなったか？」と質問し、知らなかった情報を確認します。つまり、表面的な決定内容で振り回されなくなります。

多様な人材と仕事をすると、前提や背景を知らないケースが増えてきます。そのため、このように**「なぜ？」「だから何？」などと質問して、組織やチームで大事にする価値観**

や考え方を含め、一つひとつわからないことを確認して、共通理解をする進め方はグローバル企業では主流です。このスタイルは、日本で今後さらに求められるでしょう。

みんなが同じように感じ、考え、決めるわけではないためです。このやり方や考え方に慣れていないと、「この人は反対しているかもしれない」と不安になるかもしれません。ですが、あくまで知らないことを確認するために質問しているだけです。むしろ、「反対とは言われていない」と考える方が適切かもしれません。

このスタイルに慣れてくると、自分の決めたことについて質問されても、自分が知っている情報を、相手は知らないかもと考えるようになります。**きちんと言葉にしなかった前提や背景などを説明していこう**と思うようにもなります。このように意識することで、共通認識を深め、よりスムーズに仕事を進められるようになります。

また、**新しい情報や事実がわかれば、それに応じて自分の判断や考えを改め、方向転換**することは大事です。ビジョンや方針などはブレてはいけませんが、やり方や進め方は新しい事実を踏まえ、状況に応じて柔軟に変えていくことが大切です。

今、求められる「生産性の高いコミュニケーション」

やることが多いときに限って、「簡単に済む話を長々とされる」「受信したメールが長文で読む気にならない」「『なんで要点だけシンプルに伝えてくれないの？』」と思ってイライラさせられる」など、そんな経験は誰にでもあると思います。

ビジネスのコミュニケーションで大事なことは、最初に核心となる重要なことを簡潔に伝えることです。**最初の10秒で結論を言いましょう。**

起承転結で話すのはよくありません。肝心なところが伝わりにくいためです。詳細は求められたら話せばいいのです。エレベーターピッチのように、短い時間で話す能力を身につければ、３分もあれば、かなり多くのことを話し合えます。「**PREP法**」に基づいて、話を組み立てる癖をつけるといいでしょう。

ＰＲＥＰとは、次ページの図にある通り、単語の頭文字を取ったものです。

最初に結論を伝えます。次にその理由を説明し、具体例で理由を補強し、最後に結論を

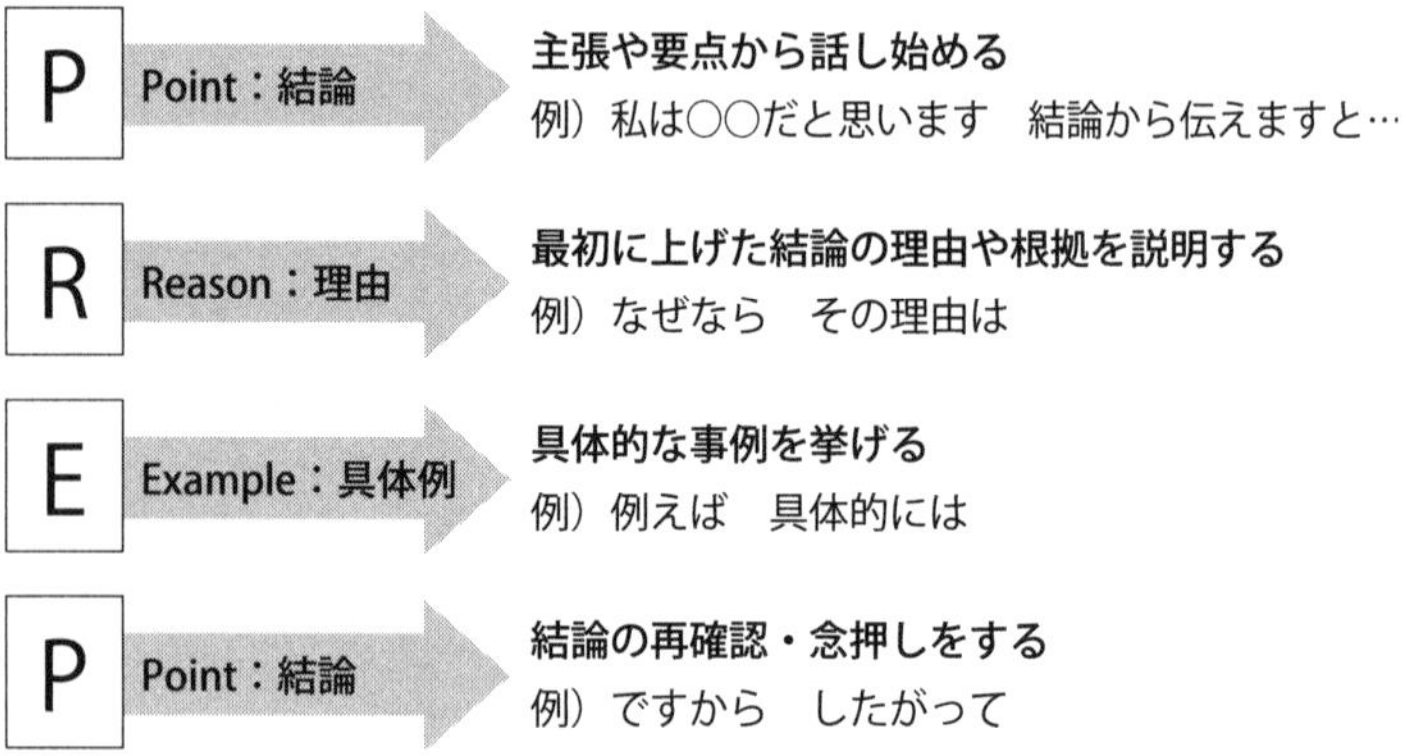

P	Point：結論	**主張や要点から話し始める** 例）私は○○だと思います　結論から伝えますと…
R	Reason：理由	**最初に上げた結論の理由や根拠を説明する** 例）なぜなら　その理由は
E	Example：具体例	**具体的な事例を挙げる** 例）例えば　具体的には
P	Point：結論	**結論の再確認・念押しをする** 例）ですから　したがって

PREP

再度伝える流れです。

この流れでいけば、時間がない相手に対しても重要な情報や結論を伝えられます。時間が許せば、理由や詳細な話や例を付け加えて、丁寧に説明できます。最後に結論を繰り返すことで、さらに強く印象づけ、説得力のある伝え方ができます。ただし、相手の本件に対する関わり度や理解度に応じて、最初の結論の前に、状況や背景を簡潔に1、2文で説明しましょう。そして、この考え方を、自分自身だけではなく、部下にも徹底させましょう。

また結論を先に言う前に、要点を〝要約する〟ことも大切です。「つまり」「要するに」「簡単に言うと」「根本的には」など、核心に迫ることを繰り返して要点をまとめ、伝えられるようにしましょう。**最小限の時間で最大限伝える**ことが重要です。普段から、事実をシンプルに整理して伝える癖をつけましょう。多様な職場であれば、より多くのコミュニケーションが求められるため、**生産性の高いコミュニケーションを意識**することが大切です。

記録に頼ると、偏った考えにならない

仕事は、口頭でのやりとりだけでは、うまくいきません。仕事量と責任が増し、仕事で関わる人が増えてくるほど、決定したことや同意したことを記録して残しておかないと、物事がなかなか進まないものです。「そんなことはわかっている」と言う人は多いと思いますが、実際に、あなたは普段から記録をきちんと残していますか？「まぁいいや」とサボって、記録ではなく記憶に頼っていませんか？

文書やメールで残し、関係者と共有しておけば、口約束を忘れた、誤解していた、認識が違っていた、「言った・言っていない」といった問題を避けることができます。これは社内外を問いません。どれだけ話し合っても、にっちもさっちも行かないものが、記録と

して残っているものを見せるだけで解決することはよくあります。

以前は結構メモしていたけれども、専門知識やノウハウが増えたため、最近はメモを取ることが減った」という人は割といるのではないでしょうか。ですが、以前と比べ、関わる仕事は増えているはずです。それに伴い、一緒に仕事するメンバーは増えています。

さらに、他の人と仕事をする上では、「自分の当たり前が相手の当たり前ではない」事実があります。そのため、**「偏見が入らないように話を聞き、その事実に基づいて判断するということを徹底しようとすると、メモなしではやりようがない**のです。


何年も前の話ですが、シンガポールの部下から「妊娠したので、今後の仕事について話し合いたい」と連絡がありました。その部下は子どもが欲しいと以前から言っていたので、本当に嬉しかったです。そして、「1年以上休むのかあ。派遣社員は必要かな」など今後の対応を考え始めました。すると、部下から「4カ月後ぐらいには戻ってくるから、どう進めるかを具体的に話し合いたい」と言われました。結局、派遣社員なしで対応しました。

シンガポールの産休や育休の考えや法律を全く知らなかったので、教えてもらうことばかりでした。休暇期間や時短勤務などをきちんとメモしていたからこそ、今後、何が起きるかを正確に把握できました。またその事実を基に計画し、対応できました。

できる上司ほど記録に残します。記憶に頼ると忘れたり、勘違いしたりするからです。偏見や思い込みにより、適切ではない判断をするリスクもわかっています。そのため、**自分の記憶より記録に頼る**スタイルで円滑に仕事を進めます。説明責任を果たせるよう、事実を確認でき、判断した根拠となるものを残しながら、仕事を効率よく進めましょう。

フェアに付き合わなきゃ上司の資格なし

「十人十色」「百人百様」と言われるように、全く同じ能力を持ち、同じ考え方をする人はいません。すべての人がそれぞれ違う強みや弱みを持っていて、得意な分野も違います。多様なメンバーがそれぞれ持っているスキルや才能を活かし、役割を果たすので、上司はチームとして結果を出していけます。

日本でも働き方や価値観が多様化してきていますが、従来からある画一化された基準、例えば、学歴、年齢や国籍などで判断する人は今でも多いと思います。**自分の設けた基準で物事を考えがちで、「常識」や「当然」「普通」という言葉を多用**します。そして、その自分の基準に満たしていないと、相手のことを劣っていると考え、優位性を示しがちです。エゴからなかなか抜けきれません。あなたはどうでしょうか？

ある基準で劣っていても、違う基準で見ると優れていることはあります。例えば、あるマーケティング担当者は、ウェブに関する知識がほとんどありませんでした。ですが、プレゼンや文章を書くことが得意でした。このとき、「ある分野の知識が全然ないから、ダメでしょう」と評価はしません。インターネットマーケティングを得意とするメンバーと連携することで、チームとして大きな成果を出せます。一緒に販売の対象であるターゲットを定義し、メールやSNSの文章を書く作業は自分が、メディア選定や配信関係は相手が、というように役割を分担することでお互いの強みを活かせます。チームで協力し合うことで、一人ではできなかった大きな成果をもたらすことも可能になります。

多様性が増しているので、同一の基準でのマネジメントや評価は難しくなってきています。不公平な基準で評価されれば、相手のモチベーションを下げます。例えば、若いからという理由で挑戦するチャンスを与えなければ、その人のやる気を奪います。優秀な人材はどんどん辞めていきます。

私が韓国の営業チームと一緒に食事をしていたときです。私が年上で立場が上だったこともあり、乾杯の際、彼らは私よりも少し下げてグラスを合わせました。お酌をされたら両手で受け、飲むときは私の視線を避け、横向きになって飲んでいました。

韓国には年上の人を敬い、気を遣う文化があります。一方で、彼らはお互いに言いたいことを言い合えるフラットな関係の職場を好んでいました。「若いけど、いろいろ挑戦できる機会がある会社は好きだ」と言っていたことを今でも覚えています。

国を問わず、年齢や性別など関係なく、実力がある人が挑戦できるフェアな場を提供することは大事です。そして、フェアでいるためには、**どんな実績を上げたのか、どんな役割を果たしたのかに重視することが大切**だと改めて思いました。

多様なチームで成果を出していくには、相手に対して謙虚で思いやりを持つこと、そしてフェアに付き合うことは必要不可欠です。会社としてルールや基準を作るなどの対応も必要で、自分一人ではできないと思うこともあるかもしれません。ですが、**仕事は「あなた」と「私」の関係**です。**相手との違いを認め、しっかりコミュニケーションを図りましょう。相手も納得できるような公平さを持って、チームとして共通の目標を目指しましょう。常にフェアで、会社にとって正しいと思う最適なことを実践**していきましょう。

言葉にするから、はじめて相手に伝わる

今の時代、仕事では「以心伝心」は通用しないと思う人は多いでしょう。では、部下が期待するようなコミュニケーションを、あなたはとれていますか？　例えば、部下にあなたが期待することを具体的に伝えていますか？　会社や部の方向性をきちんと説明せずに、とりあえず部下自身に目標を考えさせたりしていませんか？

私たちは**「知っているはず」「以前、伝えたと思う」と考えるのではなく、きちんと口にすること**が重要です。あなたが**部下に期待することも具体的に伝えましょう。**

みんなが会社や部の目標を理解しているわけではありません。「個人の業務は、部署の目標、ひいては会社のゴールに向かっていく」ということをわかっていない人もいます。

1	相手に何をして欲しいのか「伝える目的」を明確にする
2	どんな情報や意見を相手に伝える必要があるかを考える
3	いつ、どこで、どのように伝えるかを計画する
4	相手のメリットや自分の想いを伝え、動いてもらう
5	伝えた後に、相手の理解の状況を確認する

伝える段取りをする

そうなると、各自が自分の状況を踏まえ、正しいと思う目標を設定してしまいます。みんながバラバラな目標を設定し、チームとして同じ方向を向いていない状況になります。

「なんでわからないの？」とイラッとしたり、「そこはわかってよ〜」と相手に期待してはいけません。**あなたが言葉にしなかった、あるいは伝え方が悪かったために伝わっていない事実を認識する**ことから始めましょう。

「伝えても、伝わらない」ことはあります。自分の考えや想いを相手に伝えるのは難しいものです。部下の立場で考えてみると、あなたが伝えたつもりになっていることが伝わっていないのです。部下は不満が溜まり、あなたに失望するかもしれません。あなたからのコミュニケーションがないと、部下は「私の仕事に興味がないんだ」と思ってしまい、やる気を下げることにもなります。「わかってくれているだろう」とか「わかっているはずだ」という希望や思い込みは捨てましょう。

自分の考えや期待を伝え、相手に行動してもらうためには、伝える段取りが必要です。準備をすることで、相手にしっかり伝わり、理解し、行動してもらえます。多様な人と会話する際は、「あ、うん」の呼吸や以心伝心の考え方は危険です。自分の思っていることや考えは、きちんと具体的に言葉にしなければなりません。

日本人の多くは日本語の特性もあり、自分たちが思っている以上に文脈や空気に頼って、コミュニケーションしていると思います。実際に、私が一緒に仕事をしてきたアジアのチームの何人かから、「日本人は英語を話す時、Ｙｏｓｈｉ（私のニックネーム）みたいな説明をしない。語力の問題ではなく、すべてを言わない印象がある」と言われたことがあります。

日本語の特性、ハイコンテクスト（文脈）について説明したら、相手は納得していました。このとき、自分の中で当たり前だと思っていることを言葉にする大切さを再認識しました。

最初は当たり前すぎて、意識していないから気づかないこともあります。ですが、日頃から、言語化するように意識すると、少しずつ気づき、言葉にできるようになってきます。

繰り返しになりますが、あなたの当たり前は相手の当たり前ではありません。**言葉にしてはじめて相手に伝わり、共通認識を持てる**のです。前提や背景についても、「言わなくてもわかるよね」ではなく、相手が理解していることが重要です。何でもかんでも細かく指示するということではありませんが、前提や背景などの「なぜ」の部分がきちんと伝わっていることが大切です。相手が理解していることを確認しながら、話を進めましょう。

違う意見で自分をアップデートする

私たちは、自分のものとは違う意見を聞くと、「それはおかしい」「間違っている」「ちょっと受け入れられない」と否定しがちです。「自分の方が正しい」ことを証明しようと不毛な言い争いになることもあります。不思議なものです。社会人になったばかりのときは、わからないことが多く、いろいろな人に質問し、相手の話に耳を傾けていました。しかし、今では以前と比べ、相手の話、特に自分と違う意見をきちんと聞こうとしていないのです。ある程度、経験を積むと、自分なりの考え方やスタンスが確立され、仕事も円滑に進められるようになります。しかし一方で、いつの日からか自分の考えに固執し、新しい可能性を潰しているのです。何とかしなければいけません。まずは、以前のような**柔軟な発想がしにくくなっている自分を認めましょう。**そして、相手の話を聞こうとすることです。往々にして違和感のある考えほど、自分にはない価値観だったりします。まずは「そういう考え方もあるんだ」と相手を認めましょう。

ビジネス環境は刻々と変化します。今までは「良かった」「正しい」「常識」とされていたものが、今後は通用しないということは大いにあり得ます。**自分では、古い考え方ややり方に執着しているつもりはなくても、周りの人にはそう見えていることもあります。**自分の中で形成された考え方や評価基準を、自分の意思で変えるのは難しいものです。ですが、相手の意見を受け入れようとすることで、自分の考え方の幅を広げることができるのです。**人と意見が食い違うときは、新たな考え方を得られるチャンス**ということです。

ここで大事なことは、違いを受け入れられるよう、**話を聞く余裕と時間を確保すること**

です。普段から「人の話を聞こう」「違う意見を受け入れよう」と思っている方は多いと思います。しかし、「今、忙しい」「時間がない」と思ってしまうと、相手の話をきちんと聞けなくなります。**つまり、相手の話を聞くスキル云々ではなく、そもそも聞く余裕がないのです。**そのため、ついつい相手の話を遮り、自分の意見を言ってしまうのです。

まずは、相手の話を落ち着いて聞ける時間を作りましょう。話すことの優先順位を上げることが重要です。そして相手に「どう思いますか?」「どうしますか?」などと尋ねてみましょう。すると、今まで知らなかった情報やアイデアを聞き出すことができます。

相手は、あなたが思うよりも情報を持っていたり、考えていたりします。積極的に新しい考えや違う意見に耳を傾けましょう。そして、その違いを認識し、それを受け入れ、自分をアップデートしていきましょう。

数字という共通言語でコミュニケーションする

ビジネスにおいて、数字は必要不可欠なものです。問題や状況を数字で表現することで、可視化でき、物事を正確に捉えることができます。その数値データを使って分析すれば、何かしらの気づきや発見をして、具体的な対策や行動を考えることもできます。

令和上司は、**数字でコミュニケーションをします。**多様な人と仕事をすると、持っている情報や知識、立場などが違うため、同じことを話しているつもりでも解釈が異なることがあります。認識がズレ、理解や判断に時間がかかることもあります。それを避けるため、みんなが理解できる数字という共通言語を使い、コミュニケーションを図ります。数字を使う際は、次のような点を注意しなければなりません。

例えば、「売上が下がった」だと曖昧なため、「どこの売上（数字）が下がったのか？」を具体的にしなければなりません。「会社全体の売上なのか？」「事業部なのか？」「特定の地域や店舗なのか？」、あるいは「特定の製品やサービスの売上なのか？」などをハッキリさせる必要があります。

また、何と比較して売上が下がったのか、「前年同月比？」「前年同期比？」「この売上をどこまで増やしたいのか？」を明確にしなければいけません。例えば、「先月の売上が

1	**具体的に、どこの数字を見ているのか？**
2	**なぜその数字に注目しているのか？** **何と何を比べているのか？** (1) 何の軸で、何と比較しているのか？ (2) 何を全体として捉え、どの構成要素に着目しているのか？ (3) 何の変化量を、どの時間の幅で見ているのか？
3	**その数字をどうしたいのか？** 増やしたいのか？　キープしたいのか？　減らしたいのか？

数字という共通言語でコミュニケーションする

○○％下がったので、今月はその○○％分の売上を上乗せした××％を目標にします」のようにです。

このように数字で語ることで、正確に情報を共有し、理解し合うことができます。逆に、事前に見たい数字は何かを定義し、それを軸に関係者とコミュニケーションしていくことも大切です。

できる上司は、他部署や役職など立場が違う人とも、共通言語の数字で会話をして、仕事を円滑に回していきます。普段から**自分の周りの情報を「数値化」**し、**数字で会話する**ようにしていきましょう。

第1章　まとめ

- 相手の悩みや望むことに共感し、理解する
- 自分の感情がどう揺れ動いているのかを把握する
- 他人が得た経験や最新の知識を実直に学ぶ
- 事実を踏まえ、合理的に判断し、最善の選択をする
- 最初に結論を持ってきて、最小限の時間で最大限伝える
- 自分の記憶より記録に頼る
- 実績や姿勢をフェアに評価する
- 自分の期待や考えを言葉にして、具体的に伝える
- 話を聞く余裕と時間を確保する
- 数字という共通言語を使い、コミュニケーションを図る

チェックしましょう！

- ☐ 相手を完全に理解できていると思っている（➜ P16）
- ☐ 自分がわかっていないことをわかろうとしない（➜ P18）
- ☐ 相手に変な期待をして、自分中心で考えてしまう（➜ P20）
- ☐ 自分が意思決定したことに自信を持てない（➜ P23）
- ☐ 先に結論を言わず、前置きや説明をしてしまう（➜ P25）
- ☐ メモをとることが減ってきている（➜ P27）
- ☐ 相手のことを劣っていると思ってしまう（➜ P29）
- ☐ 自分の考えが相手に伝わっていない（➜ P32）
- ☐ 部下の話を聞く時間がない（➜ P35）
- ☐ 数字で語らず、感情に訴える話し方ばかりしている（➜ P37）

※チェックがついたら本章を読み返しましょう

第2章

「私の方が優れている」が部下育成を妨げる

部下をパートナーとして考える

上司の立場になると、部下や後輩のために時間を使うことが増えます。目標達成や締切厳守などのプレッシャーを日々受けながら、他の人の仕事の進捗や悩みにも気を使わなければなりません。今までのように自分のことだけではなく、部下や後輩の仕事の成果や育成も求められています。

しかし、「思うように成果を出してくれない」「仕事がとにかく遅い。ミスが多い」「何度、注意しても直らない」「自分で考えて、動いてくれない」「私は、ベビーシッターなのか？」と思い至ることも多いです。自分でやればラクなのに、他人にイライラさせられる。

相手のことを気にしたり、聞いてあげたりするのも疲れてきた。部下や後輩を持ったことのある人であれば、こんな風に思ったことは誰しもあるでしょう。

とは言え、私たち一人ひとりで出せる成果はたかが知れています。仕事の規模が大きくなり、関わる人数や予算が増えるほど、一人で完結する仕事は少なくなります。部下やチームと協力し合いながら、成果を出す責任があります。

しかし、なぜ、こんなに大変な気持ちにさせられるのでしょうか？　それは、あなたが心のどこかで「自分の方が優れている」と思っているからではないでしょうか？

例えば、部下の考えの矛盾を指摘し、必要以上に自分が正しいことを説明し、反論できないように追い詰めていませんか？　そのような言動や行為は、信頼関係を作ることや人を育てることに影響します。

時代錯誤の考え方をアップデートする

「私の方が優れている」という考えが、部下や後輩の育成を邪魔し、チームで成果を出すことを難しくさせています。これは、従来の働き方や考え方の弊害です。以前と比べると、肩書きや役職は、職務の違いを示しているだけという認識は広まってきています。

これはグローバルで活躍している、できる上司が持っている考え方です。今後、日本でもこの考えがスタンダードになってくると思います。もし自分の方が偉い、優れていると思っているのであれば、その**時代錯誤の考え方をアップデートする**必要があります。

部下が「自分より優れているところ」は、たくさんあります。今、自分が持っている価値観で気づいていないだけかもしれません。前向きな姿勢で相手と向き合いましょう。

相手に合わせて、自らの接し方を変えていくことに意識を向けましょう。そうすることで、相手の力を引き出し、成果を出すことができるのです。この意識改革は、今後さらに重要になると考えています。

これからはジョブ型雇用が増えていくでしょう。仕事に合わせて専門スキルを保有した人材を採用し、労働時間ではなく成果で評価をしていきます。欧米諸国では多く見られ、日本の大手企業でも導入は進んでいます。これがさらに進むと、専門分野にもよりますが、部下の方が自分よりも技術的な知識を持っている、というケースが増えてきます。

今の時点でも、部下が年上であったり担当業務の経験が長かったりすると、技術面の知識が豊富で上司より優れていることはあります。

そのため**自分を律する**ことは、これまで以上に重要になります。相手の能力や状況、成長段階に合わせて、接し方や育て方を変えましょう。そして自分も学び、成長をはかろうとすることが大切です。

目の前の相手から、そして自分から、逃げないでください。本気で相手と向き合い、一緒に成果を出すことにコミットしてください。**チームとして大きな成果を出せる達成感や、人を育てる喜びを実感**してください。そして自分自身をアップデートし続けてください。**相手の力を引き出せる能力は、あなたの一生の武器**になります。

「見て学べ」は教えているようで教えていない

あなたは、今まで部下や後輩の育成について、体系的に学ぶ機会はありましたか？社会人経験が長いと、「真面目に努力できる人は育つ」「ワザを盗もうと成長意欲がある人は育つ」「結局、人は勝手に育つ」と思う人は多いかもしれません。その根底には、「俺の背中を見て自分で考えろ」という指導の考え方があるからです。

「自分が苦手の頃は、誰もきちんと教えてくれなかった」と思ったことはありませんか？

終身雇用や年功序列制度のもと長時間働く時代であれば、短期的な成果が求められる一方で、長期的な視点で現場指導ができました。長時間一緒に過ごし、相手を知る機会も多く、適材適所を意識した仕事の依頼や育成が可能でした。みんなが同じ考えになりやすく、人材が自然と育つ流れや仕組みがそこにありました。

しかし、時代は変わりました。転職が当たり前といわれる今、人が自然に育つのを待つなんて悠長なことは言ってられない状況になりました。「育つ人は勝手に育つ」と思う人はいるかもしれません。ですが、自分から学び、成長できる人ほど、さらなる新しい機会を求めることがあります。ずっと同じ会社に残るとは限りません。チームの生産性をどう向上できるかを考えなければなりません。

さらに、目の前の仕事をこなし、成果を出さなければならない現状は無視できません。現実的に考えると、**「見て学べ」だけでは効率が悪い**のです。転職が当たり前になった時代だからこそ、部下の成長を促し、力を引き出し、成果を出すことが何より重要になるのです。

これは、「育つ」と「育てる」を対比させて考えるものではありません。**相手や状況に合わせて、教え方や任せ方などを変えていくことで、相手が成長する速度を加速させる**ことができるのです。そのためにも、**育て方を継続的に学び、時代にあったカタチで、実践**

していくことが大切です。令和で活躍する上司には、それが求められるのです。具体的な方法は次の章以降から紹介していきます。

上司の悪い癖が直ると、部下は気持ちよく働ける

あなたが「一緒に仕事したくない」と思った上司は、どんな人ですか？

「やったことを認めてくれない人」「自分たちがやっていることに関心がない人」「どうでもいいことにこだわる人」「批判ばかりする人」「意見をころころ変える人」「プライベートまで干渉する人」など、例を挙げればきりがないでしょう。

みなさんはどうですか？　部下からどう思われているのでしょうか？

「こうありたい」という上司像があったとしても、「忙しいから、つい部下をほったらかしにしてしまう」。このような状況になっている上司は多いのではないでしょうか。

部下や後輩から見れば、「困ったときに助けてもらえるのかな」「サポートしてくれるのかな」「自分たちに関心がないのかな」と、心配や不安を感じてしまいます。こうなると、

いい関係を作っていくのは難しくなります。信頼関係にも影響します。

また、繰り返しになりますが、「自分の方が優れている」という思い込みは危険です。業務に関する知識や能力にとどまらず、人間的に優れているという間違った解釈をすることがあるからです。相手を正すことがいいことだと思い込み、自分ではよくないと思うことも無意識にやってしまいます。例えば、

○部下は「自分のためにいる」といった間違った認識を持つ
○きちんと部下の話を最後まで聞かない
○高圧的な態度、失礼な言い方をして、自分の感情やストレスをぶつける

などです。逆の立場になって考えたとき、一緒に仕事をしたいと思いますか？

実は、あなた自身が気持ちよくチームで仕事できる環境を壊している可能性があるのです。相手のスキルや能力云々ではなく、まずは**部下や後輩の立場から見て、信頼関係を悪くする変な思い込みや悪い癖を見つけましょう。**他人が嫌だと思うこと、自分もやってはいけないと思っていることをきちんと認識するところから、よい関係作りは始まります。

部下に教える計画を立てていますか？

「部下に任せたいけど、仕事が遅い…」「なんで、そんなに時間がかかるのかわからない…」「言ったことをきちんとやってくれない…」などと、思うように部下が仕事をしてくれず、焦る毎日が続きます。そんな状況になっていませんか？

ここは感情的にならずに、合理的に「なぜ、この状態になっているのか？」を考えることが大切です。実際、もう少し部下に目を向けることで現状打破できます。

相手のレベルを問わず有効な方法は、目標を達成するためには、**「何をやらなければいけないのか」を聞いてみる**ことです。すると、自分が「当たり前」だと思っていたことが、部下にとっては、そうではなかったことに気づかされることがあります。

例えば、部下は「作業の手順を把握していなかった」「普段、使っていた言葉の意味を正確に理解していなかった」など、そんな事実が見つかるかもしれません。私たちは一方通行の指示をしがちです。「相手にどれくらい伝わったのか」「相手がどれくらい理解しているのか」を確認することはとても大切です。

部下の理解度によっては、あなたが5分使って、仕事のコツを教えるだけで効果はありません。部下は半日かかっていた仕事を1時間で終わらせることができるかもしれません。結果的に、「なんで、こんなに時間かかっているの？」とか「できたものが全然違うじゃん。やり直しだよ」のようなイライラも減るでしょう。

ここでやってはいけないことは、**「何がわからない？」と部下に聞く**ことです。**ある程度の知識や経験がないと「何がわからない」のかがわからない**からです。そのため、**部下に成すべきことや手順など、理解した内容を説明してもらいましょう。**

さらに、部下や後輩が活躍できない要因の一つとして、「業務を遂行する上で最低限必要な知識や情報を教わっていない」ということが挙げられます。

「まだ、部下や後輩はそれを学ぶ段階ではない」という理由で教えていないのかもしれません。ひょっとしたら、「忙しすぎて余裕がなかった」「単純に教えるのを忘れていた」だけかもしれません。

ただ、今、教えないなら、「いつ教える予定なのか？」具体的に**教える計画を立てるこ**

とが重要です。

相手が最低限やるべきことをできるようになれば、あなたは本来やるべきことに集中できます。目の前のちょっとしたラクを選ぶのではなく、少しだけ長い視点で考えましょう。部下は着実に成長し、成果を出せるようになります。さらに精神的にもいい方向に向かいます。

「モチベーション」という言葉に振り回されない

「モチベーション」は組織が成功する要因の一つです。しかし、私たちは部下との仕事で「モチベーション」という言葉を使わない方がいいでしょう。「モチベーション」という言葉は人によって解釈が違います。モチベーションを「頑張るための理由」として使っている人は多いと思います。あなたの周りはどういう意味で捉えていますか？

本来、モチベーションは目標や理想に向かって行動を起こす力です。

例えば、「目標を達成したいから」「いい結果を出したいから」あるいは「成長したいから」やりたいと、自ら積極的に動きたくなる気持ちを起こさせるものです。

「モチベーションが低いからやりたくない」というのは、できない「言い訳」です。

多くの場合、**モチベーションが低いからではなく、実力がないからか、あるいは簡単に成果を出せないいから**です。例えば、「スキルやノウハウがない」「時間やお金がない」「環境が悪い」などの根本的な原因があったりします。私たちは、その現実から目をそらすために「モチベーション」という言葉を使ってしまうのです。

部下に「頑張ろう」と思ってもらえるよう、**部下自身が「〇〇になりたい」「〇〇したい」「〇〇されたい」「〇〇が欲しい」というような動機づけができる環境やキッカケを作る**ことが大切です。自分の中で「達成感」や「成長感」を感じるようになれば、「もっと、〇〇したい」と思うようになります。普段から小さな成功体験や達成体験を積み上げていくと、「自分はやれる！」という感覚（根拠のない自信）が強くなり、さらに前進しようとします。部下が目標を達成でき、成長できるよう支援することが重要です。

例外として、年上部下のように成長感を求めていない人もいます。その場合は、相手の経験を認めた上で、頼り、相手の力を称える姿勢がよいでしょう。「ありがとうございます。

○○さんにお願いしてよかった」「○○さん、1日で対応するってさすがですね」のように伝えるといいでしょう。相手に「○○さんだからお願いした」「○○さんの仕事が他の人の役に立っている」を具体的に伝えましょう。

また、「モチベーションは上げなければいけない」と思う方もいますが、無理やり上げる必要はありません。無理やり上げようとすれば、後から気分が急激に落ちたり、ムダに疲れます。できる上司も、普段からいつもモチベーションが高いわけではありません。ルーチンワークのような定型業務であれば、淡々と行い、成果を出しています。

業務本来の目的を間違えない

自分たちがどこに向かっているのかを、共有することは大切です。社内外の動向や状況、背景などの情報も伝えましょう。そして、できる範囲で、**部下の仕事が「どのように役立つか」「なぜこの仕事をやるのか」など、業務の意味を説明します。今やろうとしていることが、部下が個人的にやりたいことや興味あることと、どう関連しているのか、どうい**

うメリットがあるかを伝えましょう。また、部下自身にも考えてもらいます。

ただし、本来の目的を間違ってはいけません。大事なことは、任せた仕事を早くやり遂げてもらうことです。厳しい言い方ですが、**部下の顔色をうかがいながら、部下が納得できるまで丁寧に理由を説明する必要はない**のです。部下とあなたでは経験や知識、スキルが違います。完全に理解してもらうことは難しいものです。トップダウンの指示で、どうしてもすぐに対応しなければいけない仕事もあります。ですから、成すべきことをきちんと説明して、締め切りまでにやり遂げてもらうことが重要です。

ここを履き違えると、部下によっては「(この業務の意図や意味などが)よくわからないから、この仕事はやれない。やる気が出ない」みたいな誤解をする人が出てきます。すると、上司も部下に頑張ってもらうためにモチベーションを上げよう、つまり「頑張ってもらう理由」を説明しなければいけないという考えになってしまいます。そうではありません。そもそも各社員は、**自分の役割や責任を果たさなければいけません。**指示されたことをやらない部下がいれば、評価されない事実を伝える必要があります。

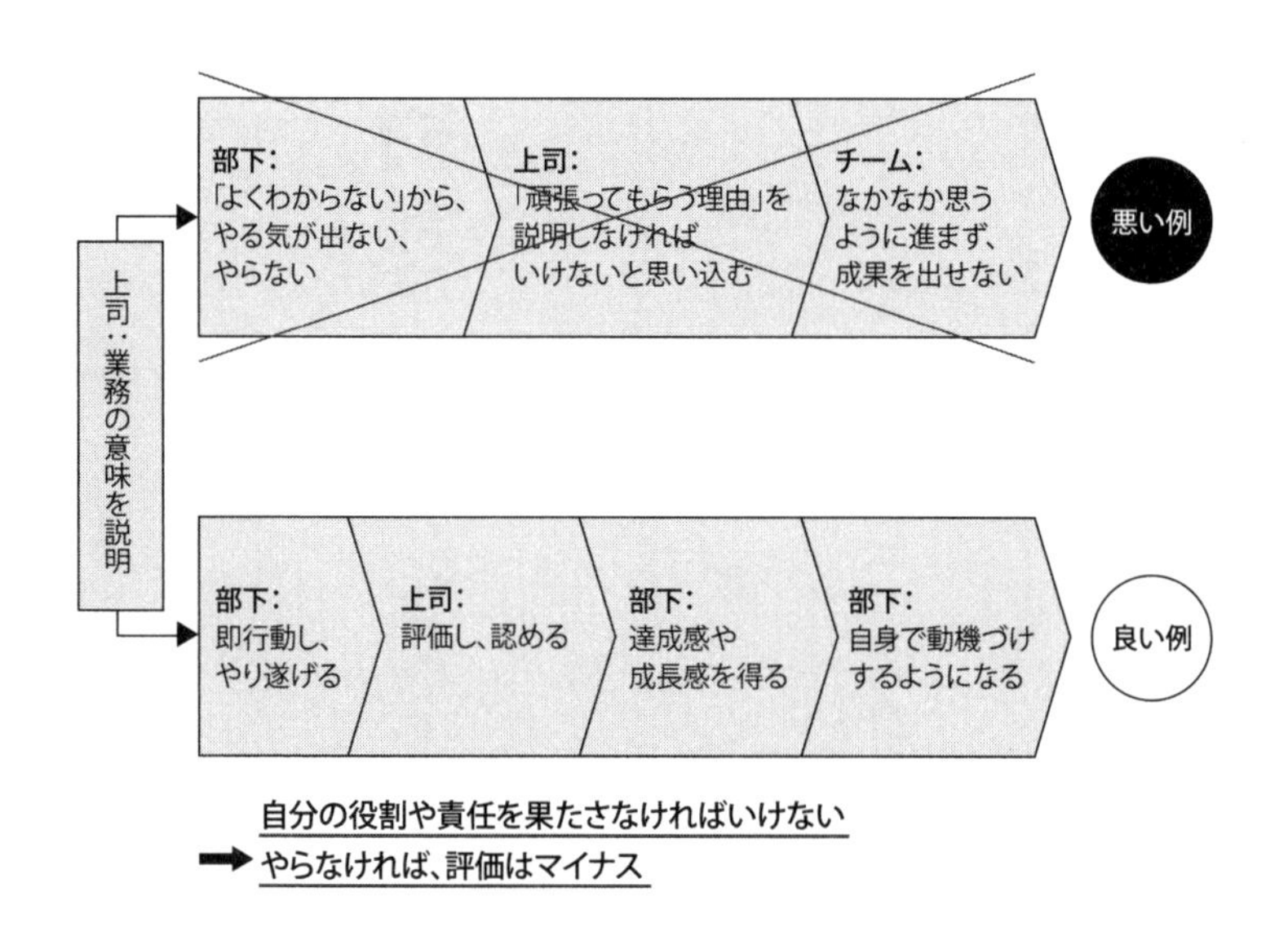

自分の役割や責任を果たさなければいけない

また、「他の人が決めたことだから自分は関係ない」みたいなことにならないように、できるだけ部下が自分で判断できるような仕事の任せ方をすることが大切です。そうすることで、当事者意識が芽生え、責任感を持って役割を果たそうとしてくれます。部下が自分で決める方が納得感や満足感も高いです。

部下が早く仕事を終わらせたり、成果を出したりしたときは、きちんと評価し、認めることも大切です。すると、**部下も「達**

成感」や「成長感」を感じるようになります。

部下自身で動機づけするようになり、目標達成のためにやり抜くようになっていきます。

「モチベーション」に頼らず、安定して仕事ができるような進め方をしていきましょう。

部下の能力に応じて育て方を変える

令和上司はチームのキャパシティや個々の能力を必ず把握します。部下の能力に応じて、仕事の進め方や育て方を変えます。まずは、部下一人ひとりのスキルを把握しましょう。

主な能力段階として、「知っている」「やれる」「実際にやっている」「教えられる」「実際に教えている」の5つがあります。それぞれの間には、かなり大きな開きがあります。

これを踏まえ、**今、部下は「どの段階にいるのか」の特定**から始めましょう。

部下の役割を踏まえ、何ができていて、何ができていないかを把握します。業務や専門の分野ごとに分けて考えます。まずチームの目標を達成するために、やらなければならない作業を洗い出します。すでにやっているかどうか現状を確認しましょう。

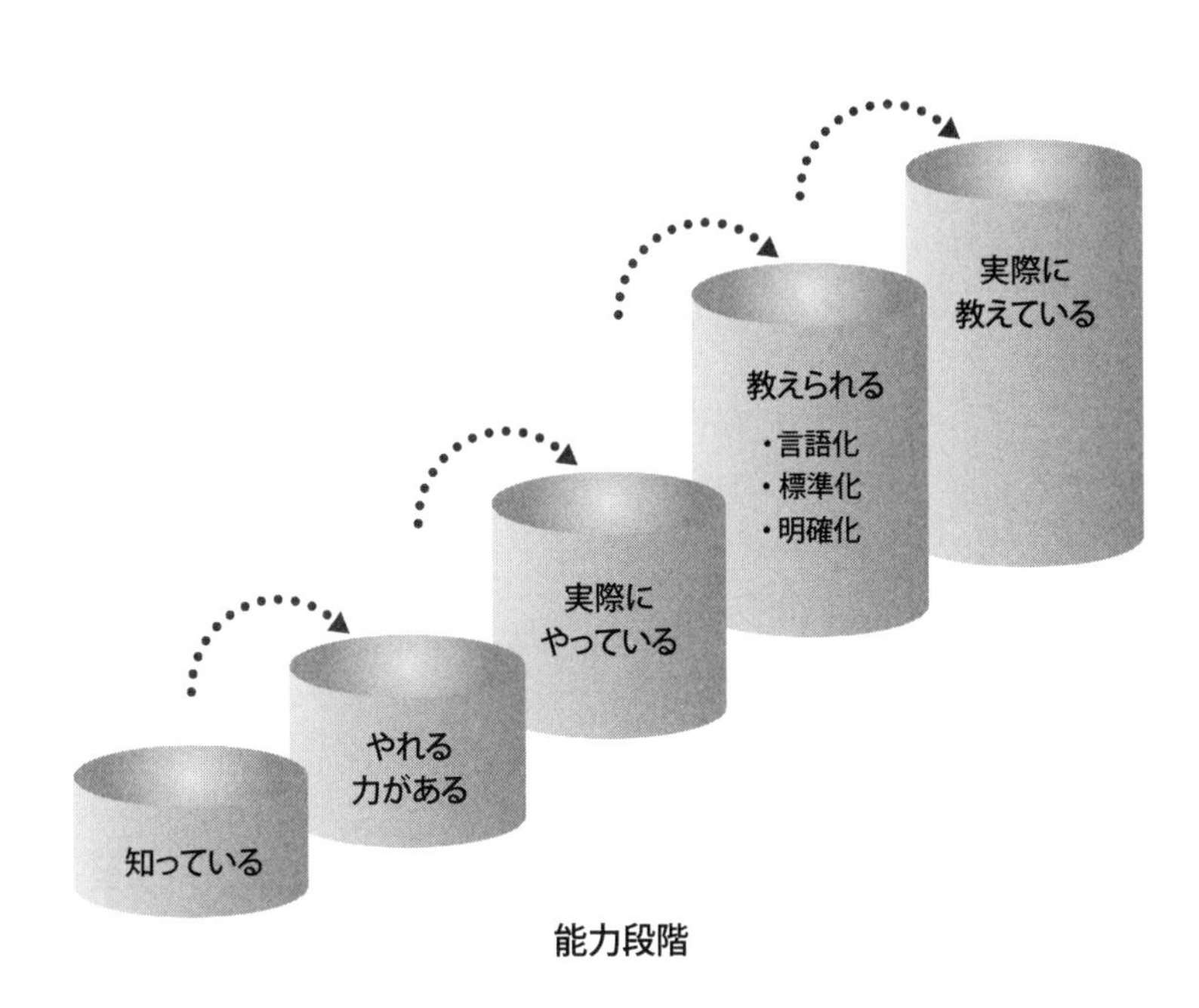

能力段階

次に、作業をする上で必要な知識やスキルを洗い出し、部下がそれらを有しているかを確認していきます。すると、各分野において部下にどれくらいの能力があるかがわかってきます。部下の能力を踏まえて仕事を任せ、段階に応じて育て方を変えていく必要があります。

あわせて**次の段階に移るためには、「どのようなスキルを学ぶ必要があるのか」「どのような対応や仕組みが必要か」「具体的に、何をいつまでに実行するのか？」計画を練る**ことが大切です。

最終的にあなたがいなくても回るチームを作る

部下が何をすべきかがわかっていない場合、その作業の目的を含め、やり方を教え、具体的な指示を出さなければなりません。はじめのうちは、ステップごとに区切って、細かい指示を出す必要があるでしょう。一つのステップが終わり問題ないことを確認したら、次のステップを指示するというようにです。

また、どの分野を優先的に教えていくかも決めておくといいでしょう。例えば、最初のうちは強みを伸ばし、ゆくゆくは苦手を減らすなどです。進め方に正解はありません。会社やチームの状況や方針、部下のタイプや分野などによって優先度は変わります。

やれる能力がある人には、どんどん仕事を任せましょう。ただし任せっぱなしではなく、しっかりフォローし、部下の話を聴き、十分なフィードバックを与えることが大切です。そして、やったこと、うまくいったこと・いかなかったことなどを質問し、相手に振り返ってもらい、学びを得られる支援をしましょう。

ある程度、必要な知識やスキルがあり、任せられるようになったら、コーチングを増や

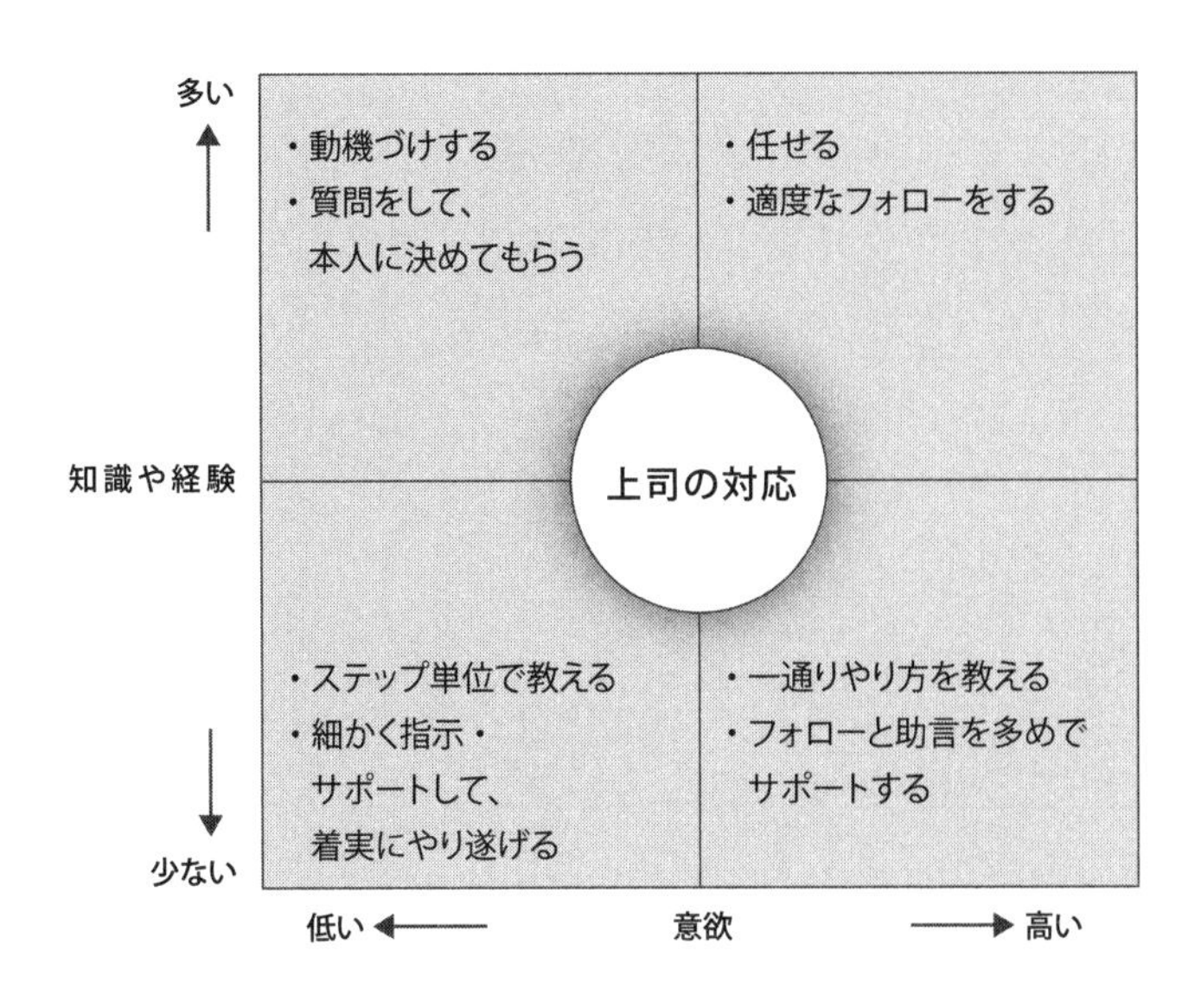

部下の知識や意欲により、上司の対応は変わる

します。質問を投げ、相手に考えてもらい、自分で答えを出すように促しましょう。自分で考えて行動できるようになっていきます。

さらに、最終的にあなたがいなくても回るチームを作るため、実際にやっているかどうかの確認だけではなく、他人に教えられるレベルかまでを把握しておくとよいでしょう。なぜうまくいくか、いかないかを質問をして、説明できるかどうかを確認しておきましょう。部下が教えられるようになると、上司のストレスも軽減します。

部下の能力を適切に評価することは重要です。また、知識や経験だけではなく、仕事に対する意欲も考慮して、部下との仕事の進め方や任せ方を判断します。説明や質問する量を調整したり、フォローなどの関わり度合いを変えたり、バランスをとりながら、相手に適した任せ方やサポートをして、成果を出していきましょう。

あなたの「こいつダメだな」が部下の成長を止める

あなたが若手社員だったとき、上司や先輩から指摘され、自分の苦手な分野を頑張って克服した。でも、その人はなかなか気づいてくれない、認めてくれないと悔しい思いをしたことはありませんか？　あるいは、上司になってから、部下の仕事が雑で、漏れやミスも多いので、「こいつ駄目だな」と諦めたことはありませんか？

私たちは他の人に期待すると、熱が入り応援します。それが相手に伝わり、相手も期待に応えようと頑張ります。一方、「この人は変わらない」と思うと、相手に期待していないことが伝わり、なかなか成長しないということもあります。これらの根底には、上司の「思い込み」が関係しています。つまり「相手が変われる」と信じているかどうかです。

これは、「予言の自己成就」というもので、たとえ根拠のない予言（思い込み）でも、それを信じて行動することで、結果として予言通りになるという現象です。アメリカの教育心理学者であるロバート・ローゼンタールの実験でも、教師が期待をかけた生徒と、そうでない生徒では成績の伸びに違いがあるという結果があります。これはピグマリオン効果と呼ばれています。つまり、上司の期待が、部下の成長を左右するということです。


できる上司は、**少なくとも「人は変わらない」とは決めつけません。**そんなことをすれば、マイナスに働く可能性があることをわかっているからです。そのため、教えることやサポートすることに手を抜きません。

また、部下が不安を抱えることなく、自分の考えを自由に発言し、行動できるような環境を作ります。**心理的安全性の高い状態を作ろうとします。**他の人から「こいつは無能だ」などネガティブに思われそうな行動をしても、「この上司だから大丈夫」「このチームなら大丈夫」と感じてもらえる状態を作ります。

できる上司は部下を尊重し、相手を受け入れる姿勢や理解していることを示します。また、できるだけポジティブな反応やフィードバックすることを心がけます。

あと、グローバルで活躍している上司の場合、**「相手ができるかどうかを悩む時間がもったいない。そんな暇があれば一つでも実行して、成功率を上げさせる」**と考える人は多いと思います。部下の得意不得意を踏まえ、サポートすべきことを淡々と行います。

少しでも部下の成長を促し、成功率を上げようとします。前向きに「こういうところが強いから、もっと伸ばしていこう」と言ってあげるのもいいと思います。

大切なことは、部下に直接「信じているよ」「期待しているよ」と伝えることです。

そういうことを言うのが恥ずかしいという人もいるでしょう。また信頼関係がなければ「何か裏があるのか?」と疑う部下もいるかもしれません。

そのような場合は、シンプルに、「○○ができるようになる」など成長した後の姿や状態を見せ、どのような意図を持ってやっているかを伝えましょう。このスキルを得られると具体的にどういうメリットがあり、どういうことができるようになるのかなどを伝え、**部下の成長を応援していることを態度や言葉で示しましょう。**

過去の成功体験があなたの足を引っ張る

多くのベテラン社員は、自分の仕事に自信を持っています。過去の成功体験により、「このやり方でいけばうまくいく」あるいは「たぶん、何とかなる」というような自信や動機があるからです。自分にとってうまくいったこと、例えば「徹夜や土日出勤して、何とか期限に間に合わせた」が支えになっているかもしれません。自信をもって望むことは、自分の内面から意欲が湧き上がる内発的動機づけにもなり、悪いことではありません。

ですが、**過去の成功体験や実績、その当時の実力にとらわれすぎると、現状をきちんと理解しようとせずに、間違った判断をしてしまう**リスクがあります。

例えば、長時間働くことで好成績を出してきた人は、ついつい他の人にも長時間働くことを期待しがちです。それは、長時間働いて頑張ったことにより、いい結果が出たという因果関係が、その人の中には作り上げられているからです。一方で、残業せずに、勤務時間内に効率的なやり方で成果を出すべきという価値観を持っている部下からすれば、長時間働くやり方は共感されません。全く噛み合っていない関係です。

このような違いを認識しなければ、相手とうまく仕事はできません。あなたの当たり前は、相手にとって当たり前ではないのです。

社内の人間関係も同様です。例えば、「飲みニケーション」で上司や先輩と親交を深め、学んできた経験のある人であれば、若手社員と良好な人間関係を構築したいと思い、飲み会に誘うかもしれません。一方、誘いを受けた方は、「仕事の時間以外で職場の人と関わりたくない」「気を使うから面倒」と思っているかもしれません。つまり、自分目線だけではなく、相手目線でも考えることが大切です。

ここで大事なことは自分の過去の経験の解釈の仕方です。「自分は○○したから、うまくいった」と自分なりの成功パターン、つまり因果関係を決めつけないことです。**「自分は、○○したにもかかわらず、うまくいった」という視点で振り返る**ことです。

例えば、「徹夜をして企画書を作ったから、うまくいった」と捉えていたとします。そこで、「徹夜をして企画書を作ったにもかかわらず、うまくいった」という視点で振り返ると、どうでしょうか？　「徹夜をすること」が成功要因ではないと思うでしょう。

そこで他の要因を突き詰めて考えると、例えば、企画書で強調した「数値的根拠に基づいた具体的施策」が成功要因だったかもしれません。間違っても「通る企画は、徹夜で作るんだよ」みたいな発想にはなりません。「通る企画を作るポイントは、数値的分析や費用対効果だよ」という視点に変わるでしょう。

他の成功要因やより良いやり方がないかを考え直してみましょう。客観的に振り返ることで、自分の過去の成功にとらわれず、他の選択肢にも目が行くようになります。現状をきちんと理解し、最適な解を柔軟に見つけることができます。

すると、自分の経験を過去の栄光として語るのではなく、過去の体験と現在の課題の共通点などをきちんと部下に伝えることで、その経験が活かされるのです。**「相手が本当に欲しているもの」を見抜き、それを提供する**ことができるのです。

このような考えができるようになると、仮にリモートワークのようなやったことがないことや、新しいことにチャレンジしても、経験を活かし、課題をきちんと捉え、対策をしながら前に進んでいけるでしょう。成功体験を客観視し、有効活用しましょう。

第2章　まとめ

- 「私の方が優れている」という考えを捨てる
- 自分を律する
- 育て方を継続的に学び、時代に合ったカタチで実践する
- 信頼関係を悪くする、自分の思い込みや癖を見つける
- 具体的に教える計画を立てる
- 動機づけができる環境やキッカケを作る
- 業務の意味をできる範囲で説明する
- チームのキャパシティや部下の能力を把握する
- 部下のレベルに応じて育て方を変える
- 部下の成長を応援していることを態度や言葉で示す
- 「●●したにもかかわらず、うまくいった」という視点で振り返る

チェックしましょう！

- □「自分の方が優れている」と思っている（→ P42）
- □ 肩書きや役職で人の優位をつけている（→ P43）
- □「見て学べ」で指導している（→ P45）
- □ 自分が部下のときに嫌だったことを部下にやってしまう（→ P47）
- □ 思うように部下が仕事をしてくれず、イライラする（→ P49）
- □ 部下のモチベーションを上げないといけないと思っている（→ P51）
- □ 部下が納得できるまで説明しないといけないと思っている（→ P53）
- □ 部下の能力をきちんと把握できていない（→ P56）
- □ 部下が他人に教えられるかわからない（→ P58）
- □「こいつダメだな」と思うことがよくある（→ P60）
- □ 過去の成功体験を捨てられない（→ P63）

※チェックがついたら本章を読み返しましょう

第3章

教えるべきことを整理する

【教える力】

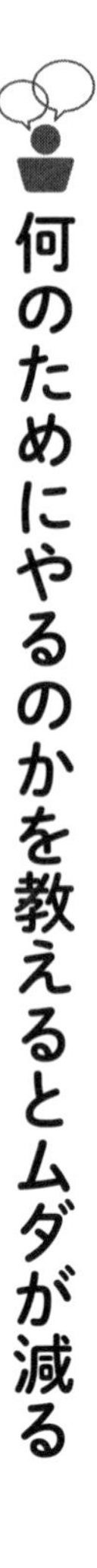

何のためにやるのかを教えるとムダが減る

令和上司は、最初からあれもこれも詳しく教えません。目標を設定し、そこにたどり着くために何をやり遂げる必要があるのかをシンプルに説明します。仕事の完成形や流れを見せ、全体像を共有します。業務の目的を明確にして、部下に「なぜこの業務のアウトプットが必要なのか？」「どう使われるのか？」を理解してもらうことに重きを置いています。

目標達成をする上で「何が、なぜ必要か」をハッキリさせることで、成果を出すための最短ルートがわかります。つまり「何が求められているのか」「何をすべきか」が明確になり、必要なこと・必要でないことがわかります。

ここが明確になると、私たちが大事だと思って伝えようとした内容の中には、今回の業務に直接必要ないことも含まれていることに気づかされることがあります。私たちは、自分の経験から「これも大事」「あれも役立つ」と思って、ついつい〝とりあえず〟教えておこうと判断してしまいます。しかし、客観的にこの状況を捉えると、その教えようとした内容は目の前の業務を最短で終わらせる上では、余計な情報なのです。

そこで、おすすめなのは**「今後、大事になる」**とか、**「役に立つ」という漠然としたものを具体的にする**ことです。「今後」とは、**①いつのことで、②どのような状況で起きるのか、③それは本当に起きるのか**を整理するだけでもいいと思います。

以前は起きたけど、今後は起きない、あるいは発生しにくくなることもあり得ます。

それらを踏まえて、部下に学んでもらう優先順位を判断しましょう。

今、**部下はそれを学んだ方がいいのかどうかを決めましょう。**

このようにすることで、必要なこと・必要でないことがわかってきます。「今までやっていたから、とりあえずやる」とか、「やらないと、他がうるさいからやる」とか、意味のわからない理由に振り回されることが減ってきます。合理的ではないからです。

また、思考法や基礎知識などの汎用的なことについても、「一見、直接業務に関わらないけど、○○のときに必要だよ」ときちんと説明できるため、本当に重要なものだけを絞って教えることができます。不必要な作業やムダな作業を省き、業務を効率的に行っていきましょう。

「目指すところ」を共有するから同じ方向が見える

もしあなたが、「チームとして一体感がない」「みんな、同じ方向を見ていない」「ツーカー（つうと言えばかあ）で仕事したいのにできていない」と思っているのであれば、チームはバラバラな方向に向かっているかもしれません。ひょっとしたら、成果が出しにくい状況になっているだけではなく、チームが崩壊する、あるいはメンバーが辞める方向に向かっていると考えてもいいかもしれません。

目的が共有されておらず、目標やゴールなど目指すところが曖昧だと、各自が都合のいいように解釈し、「正しい」と思う方向に向かいます。それぞれが勝手なことをやり始めます。その結果、本来目指すべきところに一丸となって進められなくなります。

これは、上司や部下との問題だけではありません。組織として成し遂げたいこと、部署や課などチームとしてやり遂げたいこと、上司がやってほしいこと、部下がやろうとしていることなど、それぞれの間にギャップがあるのです。

そのため、できる上司は、チームみんなが「共通の目的意識」を持って目指すべきとこ

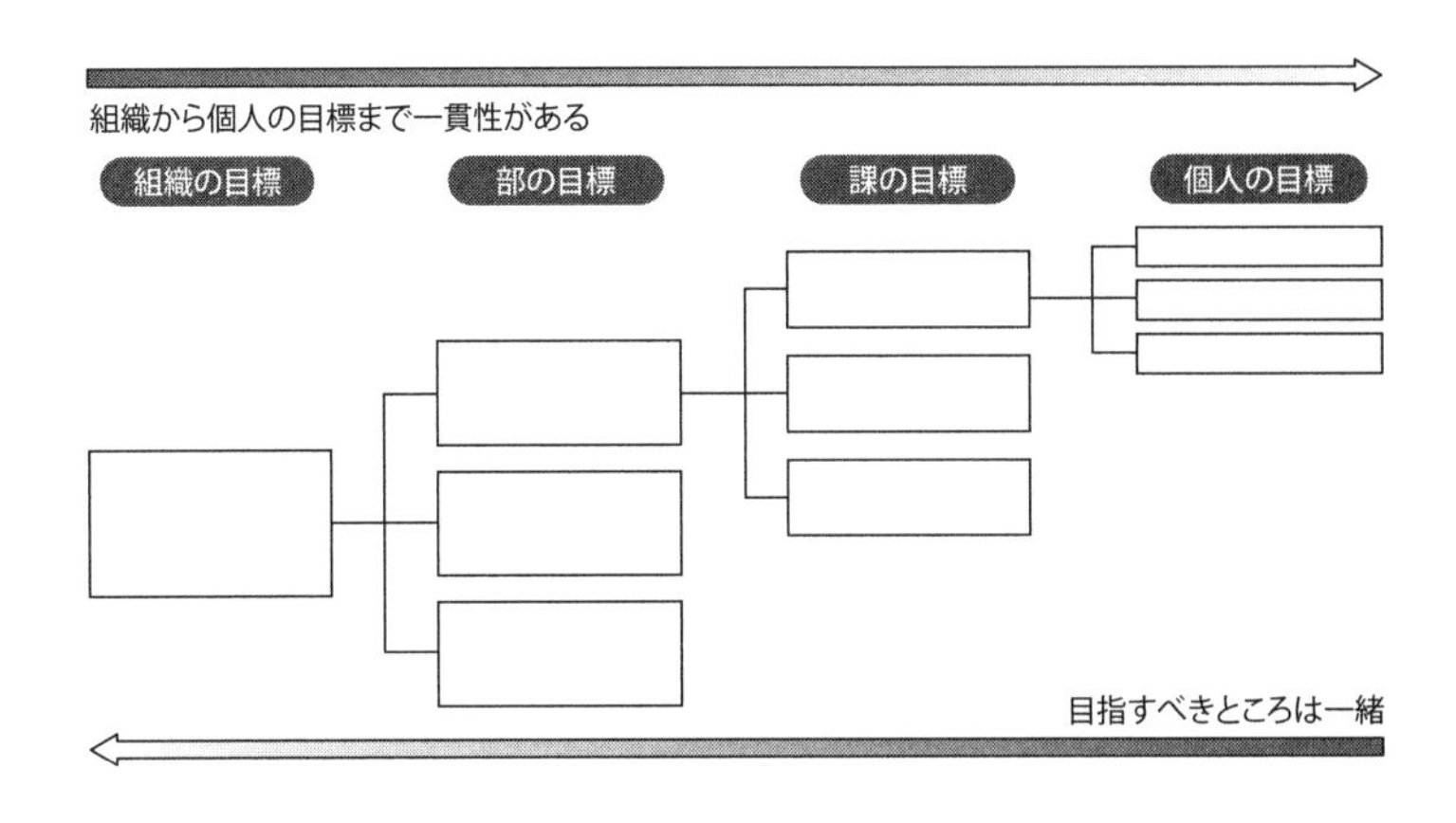

目標に一貫性がある

ろに全力で向かえるよう、チームの視座を上げようとします。事業の目的や目標は何かを明確にします。その目標に対して、「チーム、個人それぞれが担うべき役割は何か？」「いつまでに何をすべきか？」のプロセスを考えます。その目標にきちんと向かっているか達成度を見るために、ＫＰＩ（Key Performance Indicator：重要業績評価指標）を設定します。またチームや部下と話し合い、組織やチーム、個人の目標の整合性もとります。

例えば、会社が２０２１年度の売上目標を「前年と比べ、20％増やす」

と掲げたとしたら、「2022年3月末までに、新規契約を100件取る」「100件の新規契約を取るために、500件の商談を作る」「500件の商談を作るために、5000件の電話掛けをする」などのＫＰＩを設定します。会社や事業の目標を達成するために、自社あるいは自分のチームに必要な最適なＫＰＩを設定し、みんながブレずにゴールに向かっていけるようにするのです。

営業部のように数字を直接扱っている部署でなくても、例えば、製造であれば「不良品発生率」「設備稼働率」、品質管理では「クレーム発生件数」「歩留率」、人事でいえば「離職率」、コールセンターであれば「電話応答率」などあるでしょう。また単純に、特定業務の「ミス発生数」「期限に間に合わなかった数」などの数値目標も設定できるでしょう。

このようにＫＰＩを設定することで、チーム内で方向性ややるべきことが共有でき、目標にちゃんと向かっているかの達成度を確認できるのです。

なお、ＫＰＩ設定は目標達成に向かう手段で、目的ではありません。何でもかんでも、ＫＰＩを設定し数値化すればいいというものでもありません。

複数の目標や指標でどこに集中してよいかわかりくい場合は、最終目的を踏まえ、優先

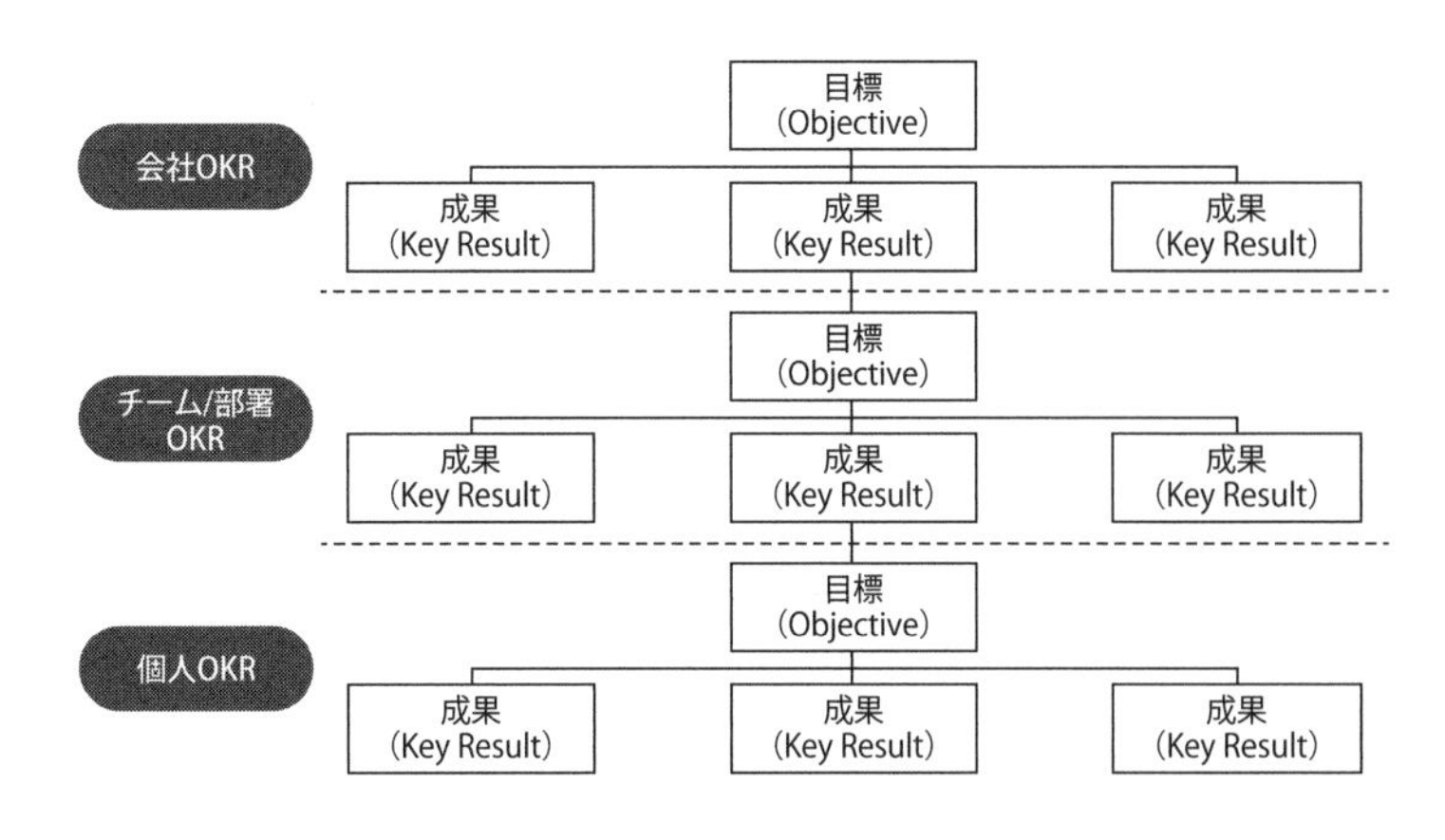

OKR

順位を決めておくといいでしょう。

　また企業によっては、目標の設定・管理方法としてＫＰＩではなく、ＯＫＲ（Objective and Key Result：目標と主要な結果）を使うところもあるでしょう。ＯＫＲは１００％の達成を目指すのではなく、とにかく高い目標を設定するのが狙いです。そのため、60～70％の達成率でいいとされています。

　会社として達成すべき目標が掲げられ、その下にチーム・部署単位、個人単位の目標と成果がぶら下がります。目標を決め、その達成のために必要な成果に分解して、進捗を確認します。大事なポイントは、会社の目標と個人の目標がリンクしていることです。

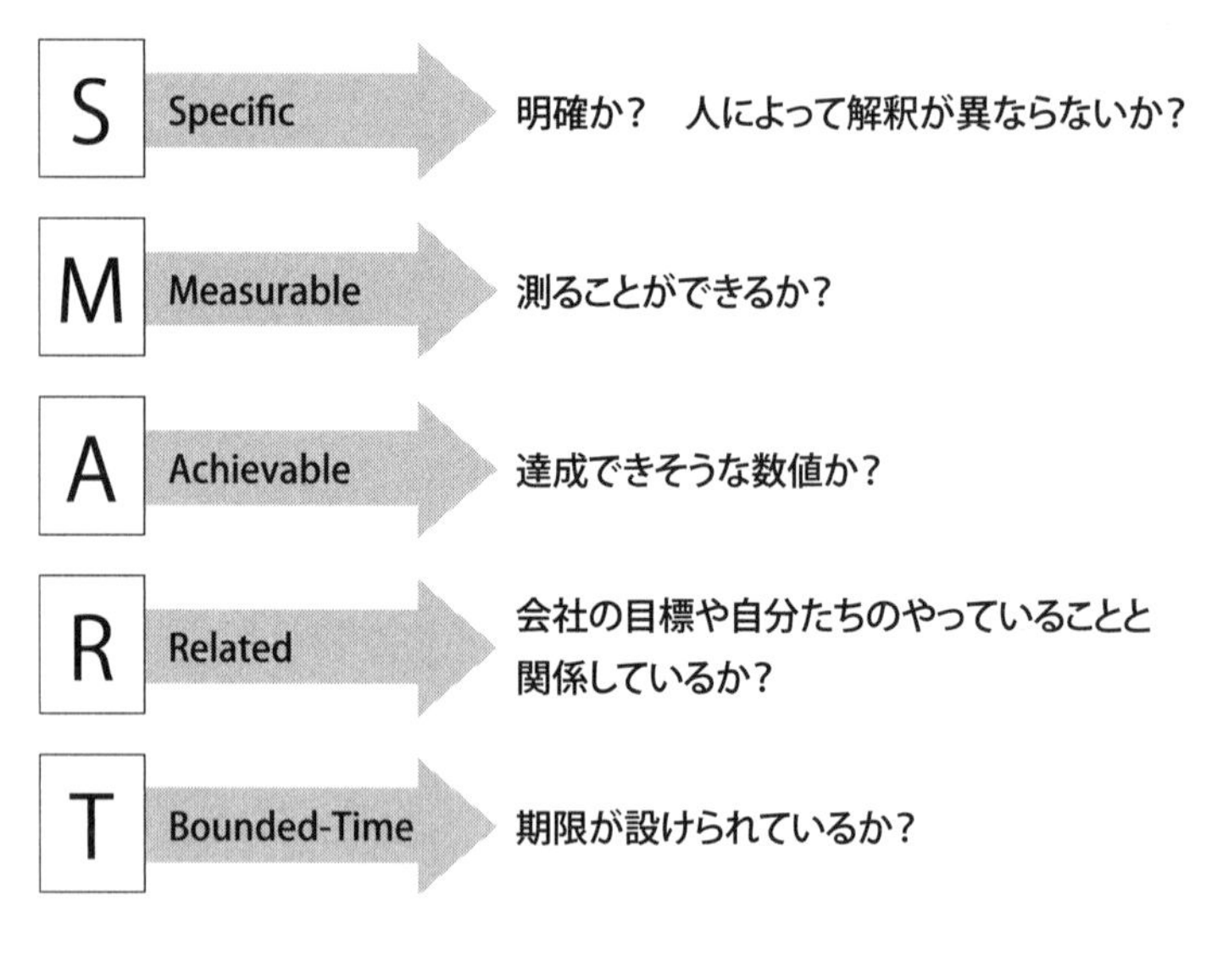

SMART ゴール

例えば、会社として「過去最高の売上と利益率を達成する」という目標を立てたとしたら、「年間売上１００億円を超える」「新規分野で売上10億円を上げる」「売上高総利益率を55％から60％以上に上げる」などの成果を設定します。それを達成するために、チームや部署の目標や成果、個人の目標と成果が設定され、みんなが同じ方向を向き、進んでいくのです。

最後に、**曖昧な目標はできない言い訳を作ります。**受け手によって解釈も違い、達成しているかどうか白黒をつけられないためです。そのため、令和上司はチームや部下の目標も、ＳＭＡＲＴ手法を使って具体的にします。ＳＭＡＲＴとは、右図のようにそれぞれの言葉の頭文字をとったものです。

例えば、「２０２１年3月末までに、５０００万円の売上を達成する」のような目標を立てるのです。すると、その目標を達成するために必要なアクションを具体的に考えられるようになります。結果として、みんなで同じ方向を見て、目標を達成しようと取り組めるのです。共通認識を持つためにも、誰でもわかる具体的な目標を設定しましょう。

目標は管理するためではなく、達成するために使うのです。目標達成をコミットしてもらいましょう。**「絶対、目標を達成するぞ！」という本気の覚悟が目標達成に向かう後押しをしてくれます。**

目標を合意するから達成に本気になってもらえる

組織都合の目標を一方的に与えるだけでは、あまり効果がありません。強制的な目標設定は各チームやメンバーのやる気を下げます。「最善の努力をしましたが、達成できませんでした」という言葉が聞こえてきそうです。このため、令和時代のできる上司は部下と、目標と目標達成に必要なサポートやリソースについて話し合い、双方で合意します。そして部下にコミットしてもらいます。

コミットすれば、どんなに困難で厄介なことが起きようが、ありとあらゆる手を尽くして、死にものぐるいで、目標達成しなければいけないというのは、グローバルスタンダードです。そのため、令和上司は、もし自分に与えられたコミットする目標が現実的でないと感じれば、納得できるまで自分の上司と徹底的に話し合います。

感情的な話にならないよう、過去の実績、キャパシティやリソースの現状、市場や経済などの外部データなど、**事実を基に交渉**します。また、**目標を達成するために必要なサポートやリソース（例：人員、新製品やサービス、予算、スキル・能力）も要求**します。

そうすることで、目標が調整されたり、目標は変わらなくても、それを実現するためのリソースやサポートを確保できたりするからです。そうして目標にコミットします。

私が上司になったばかりのときは、正直ここまでの意識はなく、交渉もしていませんでした。しかし、複数の国を見るようになり、目標達成しないことによるリスクを真剣に考えるようになりました。単純に言うと、クビになるかどうかです。日本や韓国は、他の国よりも、従業員は法律的に守られていると思います。ですが、従業員が解雇されやすい国もあります。業績が悪化すれば、一緒に働いた仲間が辞めることもあります。人員が減り、雰囲気も悪くなり、チームへ影響します。さらにその先の家族に対しても影響します。

そのようなことを考えるようになってからは、目標を達成する覚悟が変わりました。「達成できなかったけど頑張った」という考えは、自分の頭からなくなりました。

とはいえ、このように戦略的に考え、本気でプランを立てられる部下や後輩はほとんどいません。最初は、上司であるあなたが組織の方針や事業の目標を踏まえ、部下の能力や経験を加味しながら、部下の業績目標や追加支援（投資やリソース）を明示するといいでしょう。それを基に部下と話し合い、「他にどういったサポートが必要か？」「コミット達成にどんな課題や懸念があるか？」を確認しながら、必要に応じて調整し、部下に目指すところや必要なものを合意してもらいましょう。

部下も合意することで、会社にやらされているのではなく、当事者意識を持って、主体的に自分で考え、やり遂げようとします。そして忘れてはいけないことは、**合意した内容は記録に残しましょう。**令和上司は必ず記録に残します。

能力向上の目標も立てる

令和上司は部下との目標の立て方も工夫をします。

高い目標を達成するためには、メンバーそれぞれが成長しなければなりません。どの知識やスキルを身につける必要があるのか、仕事に対する姿勢や考え方を、どう改めるべきなのかを考えなければなりません。

そのため、部下と仕事の目標を話し合う際は、その目標を達成するために求められるスキルアップや能力の向上、学習の目標についても話し合うことが大切です。

部下のスキルアップでは、部下一人ひとりの能力に合わせ、業務を遂行する上で習得すべき技術や知識を明確にします。それを踏まえ、成長に焦点を当てた目標を立てます。

まずは、**部下の強みや弱みを洗い出します。部下の強みや弱みを言えるほど、相手のこ**

スキルアップの目標

書くポイント
☆業務目標を達成するために必要な知識やスキルの習得目標を立てる
☆課題・改善分野を踏まえ、それぞれに対応させて能力開発目標を立てる
☆業務範囲を広げられる、あるいは今後の業務に活かせられそうな学習目標を立てる

本人の取り組み	上司のサポート
例）今月中に、タスクごとのチェックリストを作成して、それを使って進める 例）10月末までにタスク管理の本を1冊読み、最低限の知識を得る	例）チェックリストの内容に対して、フィードバックする 例）10月末までは、定例ミーティングで一緒にチェックリストを確認する 例）タスク管理の研修に参加してもらえるよう、今月中に予算をとる

Point 数字や期日を設け、いつまでに、誰が、何をするかを明記する

スキルアップの目標設定シート

とをわかっていない、あるいは自信がない人は、部下自身がどう考えているかを聞いてみます。この話をする際は、部下の強みをきちんと認めた上で、部下の改善するといい点を挙げると、部下も理解しやすいでしょう。

次に、この能力開発の目標を達成するために、何をしなければいけないのか、どんなサポートや協力が必要かを明確にします。

例えば、ある部下は、仕事の抜け漏れがよくあり、仕事の質にバラツキがあるのが課題だとしましょう。その場合、部下本人が「タスクごとにチェックリストを作成して、それを使って進める」とか「10月末までにタスク管理の本を1冊読み、最低限の知識を得る」

などの取り組みが必要かもしれません。

それに対して、上司は「チェックリストの内容に対してフィードバックする」とか、「定例ミーティングで一緒に確認する」などのサポートができます。また、「タスク管理の研修に参加してもらい、仕事の漏れを大幅に減らせるよう、今月中に予算をとる」という対応もできるかもしれません。スキルアップにおける課題に対して、誰がいつまでに何をするかを具体的にすることが大切です。


これらを、**上司のあなたが最初に準備**します。頭の中でやっている人もいるかもしれませんが、テンプレートやシートを使って、部下に見せられるといいでしょう。

基本的には、会社で利用している人事効果の評価シートや書類フォーマットに記載してもらえばよいと思います。私自身、当初会社で用意されたエクセルを使用し、途中からクラウドサービスの方に変わりましたが、内容は基本一緒です。

もし会社の評価シートに、このようなことが含まれていない場合は、話し合いがしやすいように、簡単なフォーマットを作ってもいいかもしれません。業務や能力開発／スキルアップの目標を複数入力でき、またスキルアップするための具体的な取り組みや支援内容

強み・得意分野	課題・改善分野（スキル、姿勢など）
書くポイント ☆技術的なスキルや専門知識で優れたところはどこか？ ☆基礎能力や知識で優れたところは何か？ 例）企画力がある、斬新な発想ができる 例）説得力のある文章が書ける 例）衝突を避け、うまく話し合いができる 例）関係構築がうまい	書くポイント ☆技術的なスキルや専門知識で足りないところはどこか？ ☆基礎能力や知識で改善すべき点は何か？ 例）ミスや漏れがよくある 例）締め切りに間に合わないことがある 例）数値管理や定量的な分析が苦手 例）定型業務に関心がなさすぎる

Point 具体的に記載し、双方がイメージでき、納得できるものにする

相手の強み・課題

が入力できるテンプレートです。チーム内で使うものなので、フォーマットを意識する必要はありません。エクセルやワード、極論すればメールでもいいと思います。あくまで成果を出すために話し合う手段であり、どう相手の成長を支援できるかを明確にしていくことが大事です。私自身、部下のスキルアップの目標、本人の取り組み、上司のサポート部分はしっかり記載していましたが、強みや課題は、よく口頭で終わらせていました。

「なぜ、最初に上司のあなたがやらないといけないのか？」ですが、このようなプロセスをやったことがない部下にとっては、何のために、具体的に何をすればいいのかが、想

像しにくいからです。より経験や知識を持っている上司が、一つ上の視点からサポートすることが大切です。業務で求められる能力や、今後のキャリアに活かせるスキルなどを効率よく学べ、成長できるようにガイドすることが重要です。

実際に慣れていないと、最初は一人分を作るのに1時間ほどかかるかもしれません。ですが、定期的に個別面談である「1on1」ミーティング（以後は「1on1」とします）などを行い、相手のことをわかっていれば、10〜20分でできるようになります。

部下がこのプロセスに慣れてきたら、最初に数値目標だけを与え、部下一人で**タタキを作ってもらいましょう。**そして、**部下が目標達成をするために、上司として、チームとしてどんなサポートができるのかを話し合い、合意してもらいましょう。**自分事にしてもらうことが大切です。そして、3カ月ごとに進捗を確認し、追加の対策や支援が必要かなどを話し合いながら、目標達成に向かっていきましょう。

「教え方が学校と同じ」になっていませんか？

「会社は学校じゃないんだから」と人はよく言います。私たちは給料をもらって成長させてもらっています。もっと言えば、勉強させてもらっています。そのため、当然、それに応える成果を出さなければなりません。

上司としては、部下が最短で成果を出せるようにサポートしなければいけません。しかし、私たちの教え方は学校教育で受けた「みんなに同じように教える」になりがちです。相手に合った学び方というよりは、会社として決まったやり方を教科書的に伝えることを優先します。ここでの問題は、**相手にとって最良の効率的な学び方ではない**ということです。自分の経験から最善だと思うやり方が、相手にとって最適だとは限らないのです。

現場では、部下に合わせてうまく教えている上司はいます。ですが、自分の教え方、つまり今までの教え方に疑問や違和感を持ち、部下にとって最適な教え方に変えていける人はあまり多くないでしょう。

まずは部下が合意した目標を達成するために、必要な最低限のスキルや知識を洗い出しましょう。そして、業務を遂行できるように計画性をもって教えていきます。このとき、**部下が最短で学べ、成果を出せるように、目の前の業務に関係ない内容を省く**ことも大切です。知識や経験が少ない人にとっては、あれもこれも教えられると、逆にわかりづらくなります。どこが本当に大事なのかわからなくなります。そのため、相手のレベルや能力を踏まえ、目の前の仕事を完遂するために必要なことのみに絞り、教える内容や量を調整することが大切です。

教えるという行為は、「与える」のではなく「見返りを得る」ためです。部下を通じて成果を出すということです。そして、最終的には、**部下が自分自身で学べるようになり、その次の人たちに教えられるようになっていく**ことです。

ここで意固地になって、「最低限教えたから、あとはあなたの責任。私は知らない」みたいなスタンスをとってしまうと、相手は「一方的に何か言われ、やらされている」というふうに受け取ってしまいます。また「よくわからないから、とりあえず調べてみる」と何時間も時間を失ったり、不必要な失敗やミスを引き起こしたりします。感情的にならず、現実を踏まえ、いかに最短で相手が成果を出せるようになるかを合理的に考えましょう。

最後に、大事なことは、**自分のコピー（分身）を作ろうとしない**ことです。私たちは、自分たちの受けた教育の影響もあり、「相手に教える＝自分のコピーを作る」ように考え

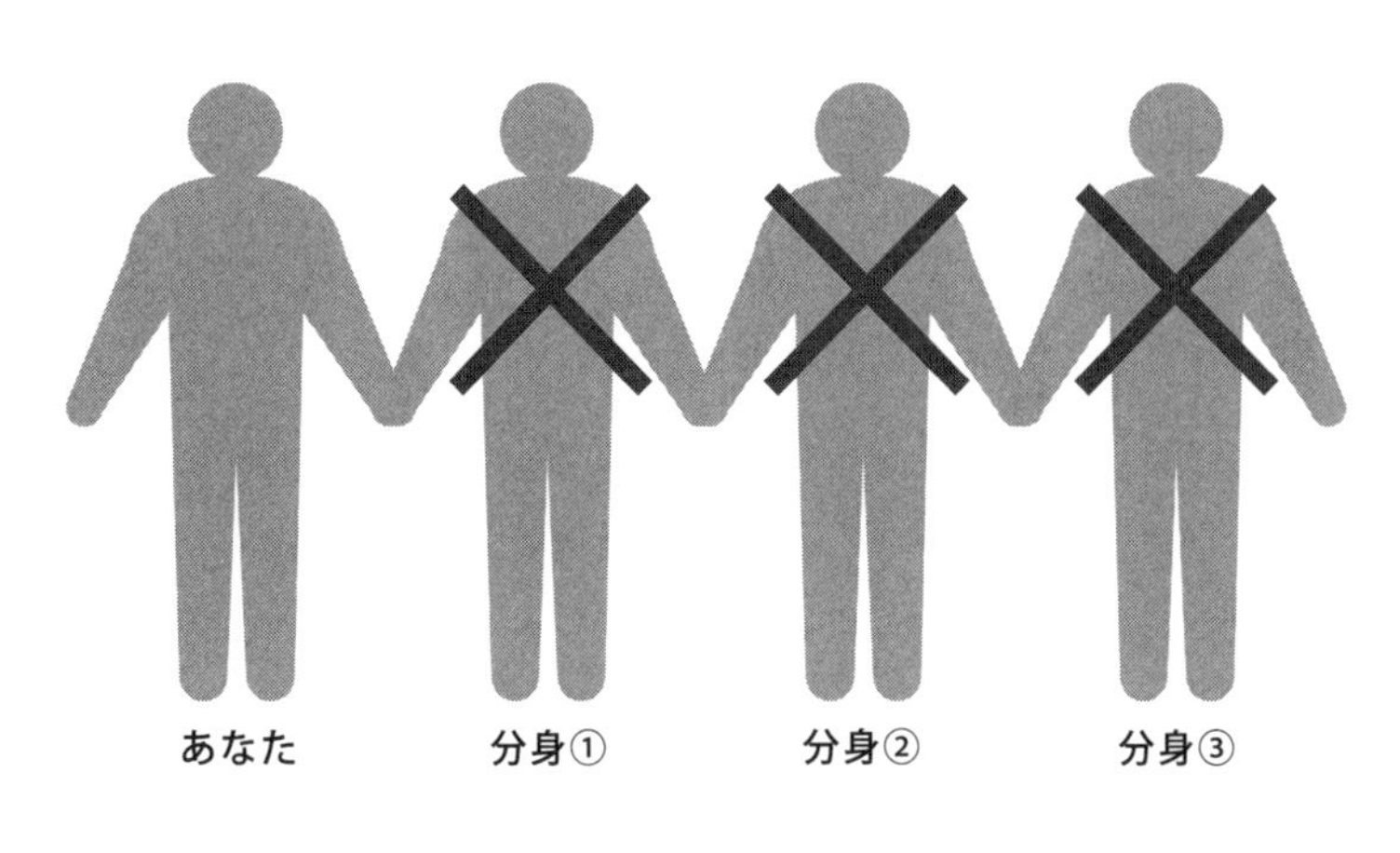

自分の分身を作らない

がちです。一つのロールモデルとして自分を見せていくことはあってもいいですが、私たちは多様な人と仕事をしています。人それぞれ、ものの見方や考え方は違います。学ぶスタイルや性格、能力や強みも違います。これらの違いがあることをしっかり認識しましょう。

そして**部下が学びやすい機会を与え、環境を作ることが大事です。上司が教えるべきと思う必要もない**のです。例えば、業務に詳しい別の人から学んでもらう、ウェビナーや研修に参加してもらうなど方法はさまざまです。相手に合わせて最短で成果を出せるよう、相手にとって必要最低限なことを教えていきましょう。

チェックリストで合格基準を作る

令和上司は、**教えることよりも、部下が効率よく業務を遂行できる仕組み作りに力を入れます。部下に直接教えて、部下がまじめにメモをとるような状況をできるだけ作らない**ようにします。毎回教えていたら、膨大な時間が取られるからです。そのため、仕事の手順など教えることをあらかじめまとめ、マニュアルやチェックリストを作っておくのです。

私が東南アジアやオセアニア地域のマーケティング業務に従事していたとき、人員不足は常に悩みの一つでした。インターンシップやアウトソーシングを活用し、対策していました。しかしある日、部下から「今のやり方は効率が悪い。私が毎回説明しないといけない」と別の課題が出てきました。そこで、業務で押さえておくべき点をまとめたリストを、業務ごとに作成するという彼女の提案を進めてもらうことにしました。

ただ、他にもやることが多数あり、進歩が滞るのは目に見えていました。資料作り自体がワクワクするような仕事ではないですし、彼女には集中してほしい別の案件もありました。そこで、私はこの課題解決の優先順位を一時的に上げました。

成果への影響度が低いと思われた重要度の低い仕事を中止しました。部下にやらないことを決めてもらうのは現実的ではないため、部下からの提案を基に私が決めました。また部下と話し合い、リスト作成よりも優先度が低い仕事はどんどん先送りしたのです。このように、無理やり時間を作ることで一気に対応しました。

一般的には、マニュアルを基にチェックリストを作りますが、何もなかったのでまずは時系列で区切り、やるべきことや必要なもの、要求事項をリストアップしました。その結果、教える手間や時間が大幅に短縮しました。

そして、インターンの人のフィードバックや質問を基に、さらに実践的なものに改善できました。その結果、人に依存しない仕組みが少しずつできるようになってきました。

このように業務で押さえておくべきことをまとめておけば、誰でも最低限できるようになります。業務の担当者にとっては、やるべきことをミスや漏れなく確実に実行できます。すべてのことを覚えていなくても何とかなります。また上司や管理する立場の人にとっては、やるべきことがきちんと実行されていることを確認できます。

タスク

プレゼンテーション資料を印刷

チェックリスト（成果物の定義）

□	印刷部数
□	紙の種類（上質紙、普通紙）
□	紙のサイズ（A4）
□	複数のスライドを1枚にまとめる（2, 4..）
□	印刷の向き（縦・横）
□	片面印刷・両面印刷
□	綴じ方（長辺、短辺）
□	余白をなくす
□	ホッチキスで留める

合格基準の見える化

チェックリストの例

「プレゼン資料の印刷」という具体的なタスクを例に、チェックリストを紹介します。

このタスクを完了させるためには、より詳細な作業や決めるべきことがあります。例えば、印刷部数、紙の種類（高級な上質紙）、紙のサイズ（A4）、2枚のスライドを1枚にまとめる、印刷の向き（縦）、両面印刷、綴じ方（長辺）、余白をなくす、ホッチキスで留めるなどです。上司の頭の中にある完成イメージ（合格基準）を具体的にすることが大切です。

また、令和上司はマニュアルやチェックリストを作る前に、**誰がいつやっても同じ成果が効**

標準化と仕組み化で、手間がかからず生産性が上がる

率よく出せるよう、仕事の「標準化」に力を入れます。　標準化というと、「みんなが決まったことをする」つまらないイメージを持つかもしれません。ですが、仕事の進め方や情報のフォーマットをシンプルにして、統一し、効率を上げることができます。つまり、**みんなの標準的な手順やおすすめのやり方がまとまっている、いいとこ取り**なのです。そのため、担当者はラクに仕事を終わらせることができ、チームの生産性も向上します。

　チェックリストを活用することで、何をやり遂げて、何ができていないのかを簡単に確認できます。注意したい点は、チェックリストは詳細な内容をまとめたり、行動を細かく規定したりするためのものではないということです。

チェックリストを作るポイント

最初から何でもかんでも入れ込もうとしないことです。経験が少ない人がチェックリストを活用すると、どの項目が大事なのかがわかりません。すべてを同レベルで捉えるため、優先順位が適切でないことがあります。まずは、仕事を完了させるために絶対に漏れてはいけない、**最低限必要な項目の一覧から作成を始めましょう**。それができるようになったら、次のレベルとして、さらに細かいチェックができるように項目数を増やします。そうすることで、仕事のクオリティーを着実に上げていくことができます。

私は、よく仕事のクオリティーとチェック項目数の相関関係をチームに話します。仕事を完了させようとすると、満たさないといけない要求事項があります。それが、例えば、30個あるとします。これが最低限満たすべき基準であり、チェック項目になります。担当者がある程度経験を積み、仕事のクオリティーが上がったとしましょう。すると、チェックしている項目数は確実に増えています。一人で任せられるレベルの人は50個、ベテランは１００個ほどかもしれません。

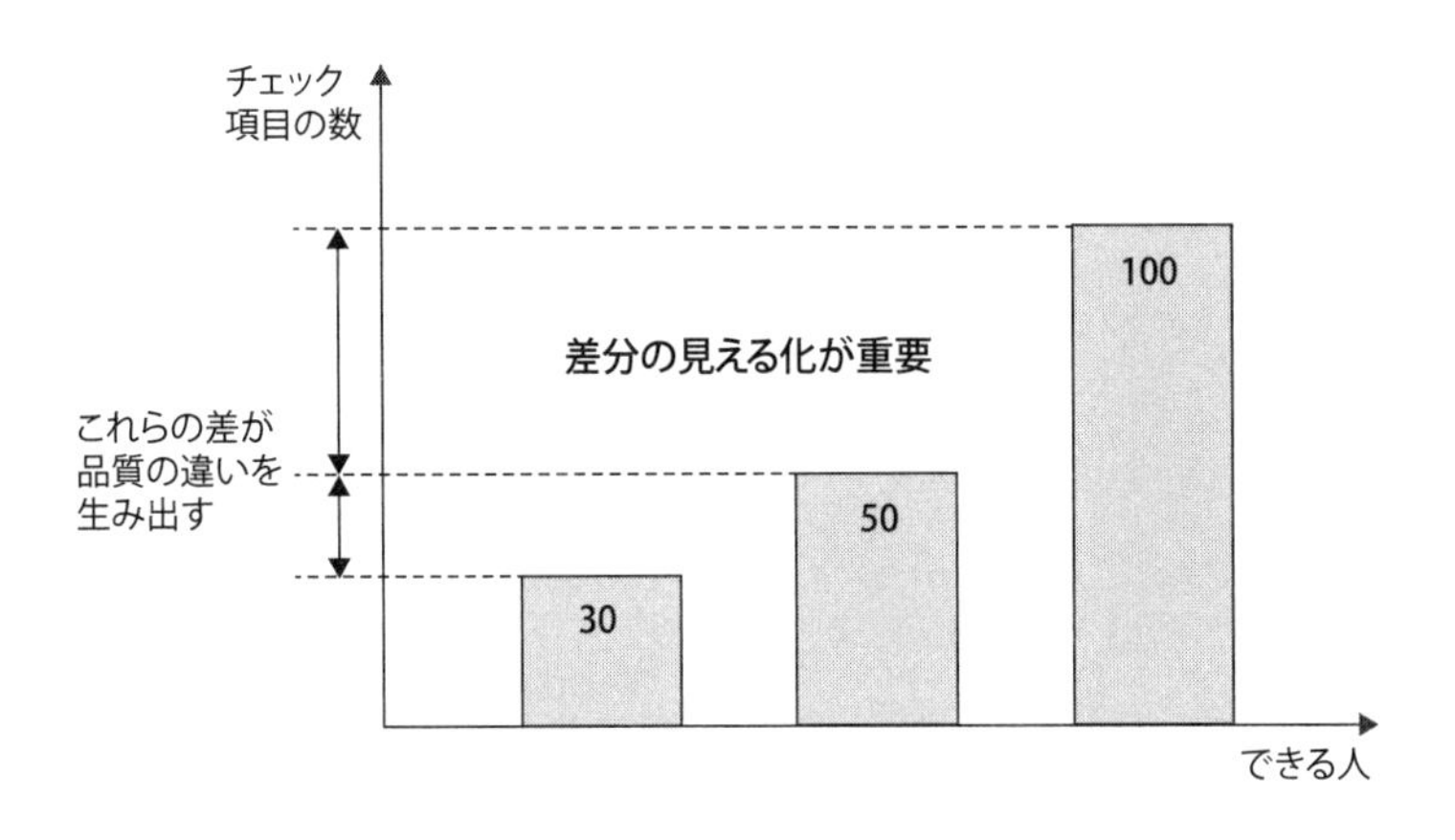

チェック項目数の差分を見える化

ここで、その仕事の担当者に、チェック項目の数や内容など全体像を知ってもらいます。そうすることで、担当者も自分の実力を客観的に捉えることができます。今後、クオリティーを上げるためには何をすべきかなど、進む道が見えてきます。

このプロセスを通じて、何を大事にしているのかの判断基準も形成されます。「この品質にするには、60個のチェック項目を満たさないといけない」ということを理解できるようになります。そして、何を満たすべきかの優先順位もつけられるようになるのです。

チェックリストは今、担当している人に作ってもらいましょう。本来は、その業務に一番精通している人がチェックリストを作るべきです。ですが、最初からチェックリストをきちんと作れる人は多くありません。むしろ他の人に作ってもらったものを見て、改善する方が早いです。事実、私たちは他の人が作ったものを見ると、「ココが漏れている」「あれもやらないといけない」とひらめき始めます。この方が現実的に早くチェックリストを充実化できます。また、担当者自身が振り返ることで、自分事にできるためおすすめです。

さらに応用として、やり遂げるべきことだけではなく、ちょっとした**コツやポイントをチェックリストに入れると、暗黙知の共有を図ることができ、仕事のクオリティーを上げる**ことができます。例えば、先ほどの「プレゼン資料の印刷」の場合、「ホッチキスを留める」ではなく「書類の左上を斜め45度に留める」にするとか、重要な提案資料であれば、「用紙の表面にフィルムを貼り高級感を出す（ＰＰ加工する）」項目を追加するなどです。

また、言われたことしかやらない部下も、チェック項目数を増やしていくことで、やらないといけないことを知り、実行していきます。漠然と「もっと自分で考えて動いてほしい」という悩みも減ってきます。

チェックリストにある、やるべきことをやれなければ、評価はされないということを今まで以上にハッキリさせることができるからです。しっかりやるべきことをやり、成果を出した人は評価され、次の仕事を任せられるということを伝えることができます。

誰でも求められた仕事を完了でき、合格点を取れるカンニングペーパーである「チェックリスト」を活用していきましょう。

相手にわかりやすく教えるコツ

グローバルで活躍している上司は、教えることがうまいです。わかりやすさを追求し、普段から膨大な量のインプットを行い、大事ではないところを省き、重要なポイントのみを教えてくれます。**「何を教えないか」を決めています。「どこまで教えて、どこから教えないか」線引き**します。バシッと言ってくれるため、説得力があります。そして、相手の理解度や知識量、集中力などに合わせ、内容や伝え方にメリハリもあります。

一方、私たちの多くは、ついつい欲張り、熱が入って、たくさんのことを教えがちです。結果、時間をオーバーすることもあります。あなたはどうですか？

結局、教える内容を事前にまとめていないのが問題です。まずは普段からマニュアルやチェックリストを作るなどして、業務や必要なスキルの洗い出しをしましょう。そして、何を教えるかを明確にします。**思いついたらやるではなく、効率的に教えられる計画や準備をする**ことが大切です。

次に、何から教えるべきかの優先順位を決めることが大事です。**教えること、それ自体は手段です。目的は期限内で結果を出す**ことです。そのため、限られた時間内で効率的に教えることが大切です。どれだけ丁寧に説明しても、相手が理解したかは別の話です。説明にかける時間が重要ではありません。教えたことが相手に伝わり、相手が理解することが大切です。

見える化して説明を効率化する

目標達成のために必要なことはシンプルに**テキスト化**して、流れをホワイトボードなどに描き、**図で表しましょう。**視覚化することで、手順や関係性がわかりやすく直感的に伝わりますし、言葉による説明が減ることでより理解されます。また短い時間で伝えるために、**数値化やモデル化**なども行い、**説明のムダを省きましょう。説明も効率化が大切**です。

部下に教えたことを、自分の言葉で説明させることが重要です。理解したかどうかを確認できます。説明できない場合は、例えば部下に一つひとつ具体的に質問して、何がわかって何がわかっていないかに気づいてもらったり、ノートに書いてもらうなどして、頭を整理させるといいでしょう。大事なことは、早く実行するために必要なことをわかってもらうことです。部下が最低限必要な知識やスキルを持ったら、すぐに実行を促しましょう。

これらを実現するために、上司に必要なのは、ここまで**部下自身の理解度を深堀りして、部下目線にとことん付き合う覚悟**です。それが部下の成長だけではなく、自分の教え方や知識を見直すなど、自分自身を成長させることにつながります。

熱意を持って教えることが相手にいいとは限らない

上司が部下にアドバイスや指導をするとき、相手のことを思ってやっていることでしょう。良かれと思って教えているため、話していることに疑問を持つことはないと思います。

ところが、相手の受け止め方は、私たちの期待とは違うことがあります。私たちが正しいと思うこと、例えば「〜するべき」「〜しないといけない」みたいなことを熱意を持って言えば言うほど、それを聞いている部下は「説教されている」「叱られている」と感じてしまうことがあります。そうなると、なかなか素直に聞いてもらえなくなります。

では、説教っぽくならないよう伝えるにはどうすればいいでしょうか?
伝え方をちょっと工夫するだけで、相手は意外に素直に聞いてくれるものです。
ここでは3つの方法を紹介します。

①失敗談を語る

部下からナメられるので、失敗を話したくない人もいるかもしれません。ですが、「失敗を避けたい」という部下のニーズにマッチしているため、興味を持って聞いてもらえます。失敗談を聞いてから、アドバイスを聞くと「確かにそうかも」と納得してもらいやすいです。単純に「上司がどういう失敗をしたのか気になる」という興味本位から聞いてくれる部下もいます。大事なことは、相手本位で考えて伝えることです。あと、失敗談を披露してスキを見せることで「上司もそうだったんだ」と安心感を与え、親しみを持ってもらえるメリットもあります。また、「失敗や挫折により傷ついた経験があるから、それを部下にはしてほしくない」という思いを伝えることができれば、部下との関係もよくなるでしょう。

② 部下自身に導き出してもらう

最初に部下に質問して、部下自身に考えてもらい、答えを導き出してもらいます。すると、部下も能動的に話を聞いてくれるようになります。私たちは、つい「どうすればいい？」「で、今何をすればいいと思う？」と質問攻めしてしまい、威圧的な態度をとりがちです。これではうまくいきません。

質問する際は、余裕を持って優しく部下に問い、考える時間をタップリ与えることが大切です。例えば、「〜したら、どうなると思う？」「〜したら、○○はどう感じると思う？」「〜だったら、あなたはどうする？」のように質問し、**相手が考えて、答えを出すまで待ちましょう。**

③他の人の言葉を引用する

私たち自身の言葉で直接伝えるよりも、権威のある人や著名人の話、専門家の意見などを引用する方が話を聞いてもらえます。説得力も増し、信じてもらいやすくなります。

また、伝えたいことが独善的なものではなく、他の人の意見や考えを踏まえているため、素直に聞いてもらえます。さらに、目の前にいる人から直接言われていない感じが、話を聞きやすい雰囲気にしてくれます。

「教えたい」と思ったときこそ、相手本位で考え、相手の受け取り方に応じて、ここで紹介したテクニックを使ってみてください。

「学ぶ・やってみる・振り返る」の成長サイクルを回す

私たちが「仕事で成長したな」と感じるのは、どういうときでしょうか？　今までできなかったことができるようになったり、あるいは新しく何かをやり遂げたりしたときに、「成長したな」と感じることが多くないでしょうか。例えば、

○新製品やサービスの開発、事業の立ち上げなどに挑戦して成果を出したとき
○何かしらの改革や改善プロジェクトをやり遂げたとき
○お客様や外部の関係者と連携して、うまく仕事を進められたとき

など、いろいろあると思います。

そして、「自分が持っていない知識や考え方を吸収し、多角的な視点で考えられるようになった」あるいは「利害関係が対立する人たちとうまく関わりながら、仕事を進められるようになった」などと感じていることが多いと思います。

令和上司は座学だけではなく、これらの**経験を活かし、学びとる**ことを大切にします。**ゴールに向かう過程において、部下が気づいていないことに対して、十分な量のアドバイスやフィードバックを与えます。仕事が終わり、経験を振り返るときには、失敗を反省し教訓を学ぶだけではなく、何をやり遂げたかを認め、達成感を与えます。**

多くの企業はＯＪＴ（On the Job Training）を重視し、現場で社員の教育訓練をしています。ですが、現場任せになり、育成の目的や成果がバラバラになる問題があります。例

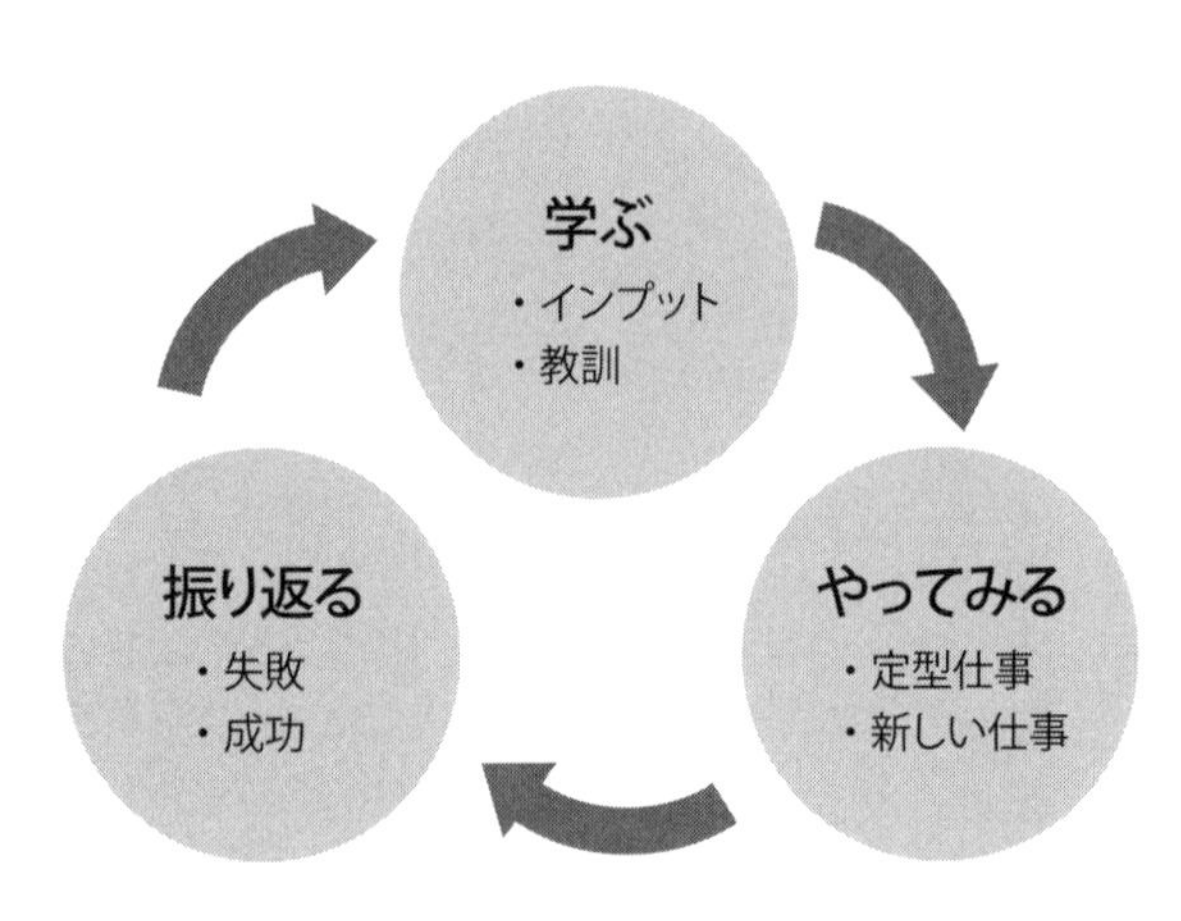

学ぶ・やってみる・振り返るの成長サイクル

えば、上司や先輩社員が、場当たり的な思いつきで指導をしたり、自分の仕事の一部を振ったりするような育て方になると、自分のアシスタントを作る育成になってしまいます。つまり自分の頭で考え、行動する人をなかなか育てられない状況に陥ります。

本来は、会社として育成目標やプロセス、人事制度や評価などをきちんと設計されるべきです。ただ、自分たちができることとして、現場で成果を出す上で必要な教育の方針や計画を立てることは大切です。自分たちの役割や求められていることを明確にして、作業内容や必要なスキルを洗い出し、計画的に教えていきましょう。

基本スタンスは、**業務をする上で最低限必要なことだけを教え、まずは実際にやってもらいます。**その中でうまくいったこと、いかなかったことを経験し、そこから学んでもらいます。ただ、振り返って、教訓を得ることに慣れていない部下は多いです。そこで、「1on1」により「何がうまくいったか？」「何が良かったか？」「うまくいなかったことは何か？」「その原因は何か？」「どう改善できるか？」「今後、気をつけるべき点はあるか？」「他の業務で活かせるか？」を質問し、教訓を得られるよう促すことが大切です。

部下に振り返ってもらい、自分の頭で考え、気づきや学びを得られるようサポートしましょう。さらに、学んだことや気づいたことをチーム勉強会などで発表してもらいましょう。学びや気づきを記憶に定着させることができます。

これを続けていくことで、失敗から学び、業務をきちんと遂行できるようになります。できたところを認めることで、達成感や自信も得られます。また、部下自身が何に夢中になれるのか、今まで見えなかったものも見えてくるようになります。そして、経験から得た学びや知識を活かして、さらに新しいことに取り組み、部下一人でも学べるようになっていきます。このサイクルを繰り返し、成長しながら、成果を出し続けましょう。

第3章　まとめ

- 今教えるのか、後から教えるのか、あるいは教えないのかを決める
- 誰でもわかる具体的な目標を設定する
- 部下と目標や達成方法について話し合い、双方で合意する
- 仕事だけではなく、能力向上の目標も立てる
- 部下が最短で成果を出せるように教える
- 仕事をやり遂げられるチェックリストを作る
- 効率的に教えられる計画や準備をする
- 説明も見える化して効率化する
- 部下の受け取り方に応じて教え方や表現を変える
- 「学ぶ・やってみる・振り返る」を促し、サポートする

チェックしましょう！

- □ “とりあえず”大事そうなことは何でも教えている（➜ P68）
- □ 組織やチームの目標を共有していない（➜ P70）
- □ 目標は与えるものだと思っている（➜ P75）
- □ 部下のスキルアップのプランを立てたことがない（➜ P78）
- □ 自分のコピーを作ろうとする（➜ P82）
- □ マニュアル人間は嫌い（➜ P86）
- □ 思いついたときに教えている（➜ P93）
- □ 資料を用意せずに口頭のみで説明しようとする（➜ P94）
- □ 熱意を持って「〜すべき」と教えている（➜ P95）
- □ 振り返ることを忘れる（➜ P98）

※チェックがついたら本章を読み返しましょう

問題のタイプにより対応を変える

パワーアップ講座

「部下の面倒を見よう」と心に決め、何とかしようと頑張ってきたけれども、思うようにうまくいかない。「あれだけ言っても変わってくれない」「やる気がない」「ちょっと注意しただけで、すぐにムッとする」などと愚痴りたくもなります。「もう、やりようがない」「こちらの体調がおかしくなりそう」とさえ思ってしまう。似たような体験をした上司の方は意外に多いのではないでしょうか。

このようなとき、冷静にどこに問題があるか突き止め、それぞれの問題に合わせて対応しなければなりません。よくある問題行動とその対策を、簡単にまとめます。

▼指示したものと違うものが出てくる

指示した後、部下に、求められているアウトプットを具体的に説明してもらいます。相手の理解度を確認します。自分の説明不足を補足できる機会にもなります。

▼ミスが多い

一通りやってもらい、翌日など時間を置いて、数字だけとか、「てにをは」のみなど分けてチェックさせます。他人に依存しないよう、修正は部下本人にさせます。

▼詰めが甘い

完成基準を明確にしてから任せます。チェックリストで要求を満たしているかを確認させます。「もったいない」「残念」「惜しい」などの後に、「いい所までできているのに」みたいな前向きな声がけも有効です。また、他人に迷惑をかけている現実も理解してもらい、責任感を持ってもらいます。

▼期限を守れない

実際の締め切りの何日か前を期限にして進めます。リマインダーも数回します。ただ、仕事量が原因の場合もあるため、定期的に部下の仕事量を確認し、優先順位をつけ直します。やらない仕事を決めたり、他人からの仕事を断るなどして仕事量を調整します。

▼言い訳をする

言い訳ができないほど、やるべきこと、役割、責任を明確にさせます。それでも言い訳をする場合は、「自分が逆の立場になった場合、どう思うか」を考えてもらいます。

▼他人のせいにする

そのような状況や結果に対して、他人云々ではなく、自分自身として「どのように考えて、行動する必要があるのか」を考えてもらいます。

▼自分で考えない

何も考えずに、「どうしたらいいか?」を聞いてくる人に対しては、「○○さんは、どう思う?」と、まずは聞き返しましょう。相手がやることを理解していないようであれば、必要な知識や情報を持っているかの確認をしましょう。

もし、責任を持ちたくないために聞いてくるのであれば、役割を明確にして責任を持ってもらいます。また、マニュアルなどを読むことを指示し、最低限自分で調べてもらいましょう。

▼質問や確認がない

あなたのことを怖がっているかもしれません。このようなときは、「しょうもない質問」を具体的に示し、このようなレベルの質問でもいいよということを伝えると、部下や後輩は質問しやすくなります。

▼わかったつもりになっている

指示したときはいつも、相手にわかっていることを説明してもらいましょう。相手が十分に理解していないようであれば、相手がわかるまで説明しましょう。また、部下がわからないことよりも、わからないまま進める方がリスクが高いことを教えます。

さらに「仕事ができない人ほど、わからないことがわからない。そうならないように、少しでもわかっていないと思ったり、確信が持てなかったりする場合は、わからないと言って確認してほしい。確認することが大事だから」と伝えます。

▼悪い報告がない

ちょっとしたミスや事故が大きな問題になったり、対応が大変になったりすることを教えます。

そして、悪い報告ほど早く教えてもらえると「ありがたい」ことを伝えます。

また報告自体が少ない人に対しては、必要な情報を集められる報告書の定型を作り、定期的に提出してもらったり、「1on1」で重要な案件について具体的に確認したりします。自分から情報を取りに行きます。

▼批判だけする

「代替案がない批判は評価されない」ということを伝える必要があります。仕事では、必ず意思決定しなければならないことを理解してもらいましょう。質問や話し合いをしながら、みんなで協力して解決できるようガイドします。

▼どうでもいいことにこだわる

業務をする上で必要ないと判断するのであれば、「業務で必要ないから、気にしなくていいよ」とハッキリ伝えます。

▼定型作業で気を抜いて、きちんとやらない

役割を果たさなければ、評価されない事実を伝えます。そして、気を抜いてしまう作業において、「何か改善できないか」を考えてもらいます。

今までのやり方がうまくいかない場合は、問題や相手のタイプに応じて、違う対応をしてみるのも手です。こうあるべきだと決めつけず、柔軟かつ現実的に対応しましょう。

第4章

部下が活躍できるように授ける

【任せる力】

できない上司は「結局、自分でやる」

「自分でやった方が早い」と思い、「結局、自分でやっちゃった」という経験は誰にでもあると思います。ですが、令和の上司は自分でやりません。部下に任せます。

部下に任せられない上司の多くは、「部下に任せたら仕事の質が下がる」「結局、最後は自分が対応するので、時間や手間がかかる」と心配し、自分でやってしまいます。しかし、自分でやってしまうと、**その仕事で本来得られる部下の経験や成長はゼロ**です。**あなたがその機会を奪った**からです。つまり**部下を育て、成長させる役割を放棄**したのです。

さらに、**上司としての成長もゼロ**です。戦略や計画を立てたり、仕組みを作ったり、本来、上司としてやるべき重要度の高い仕事ができないからです。これが続くと、チームとして最悪な方向に進んでいきます。例えば、次ページの図のようにです。

できる上司になるには、「仕事の任せ方」や「部下の育て方」を身につけなければなりません。それができないと、結局あなた自身が苦労します。仕事だけではなく、部下に対しても嫌な気持ちになり、最終的には自己嫌悪に陥ります。逆に、部下に仕事を任せ、協

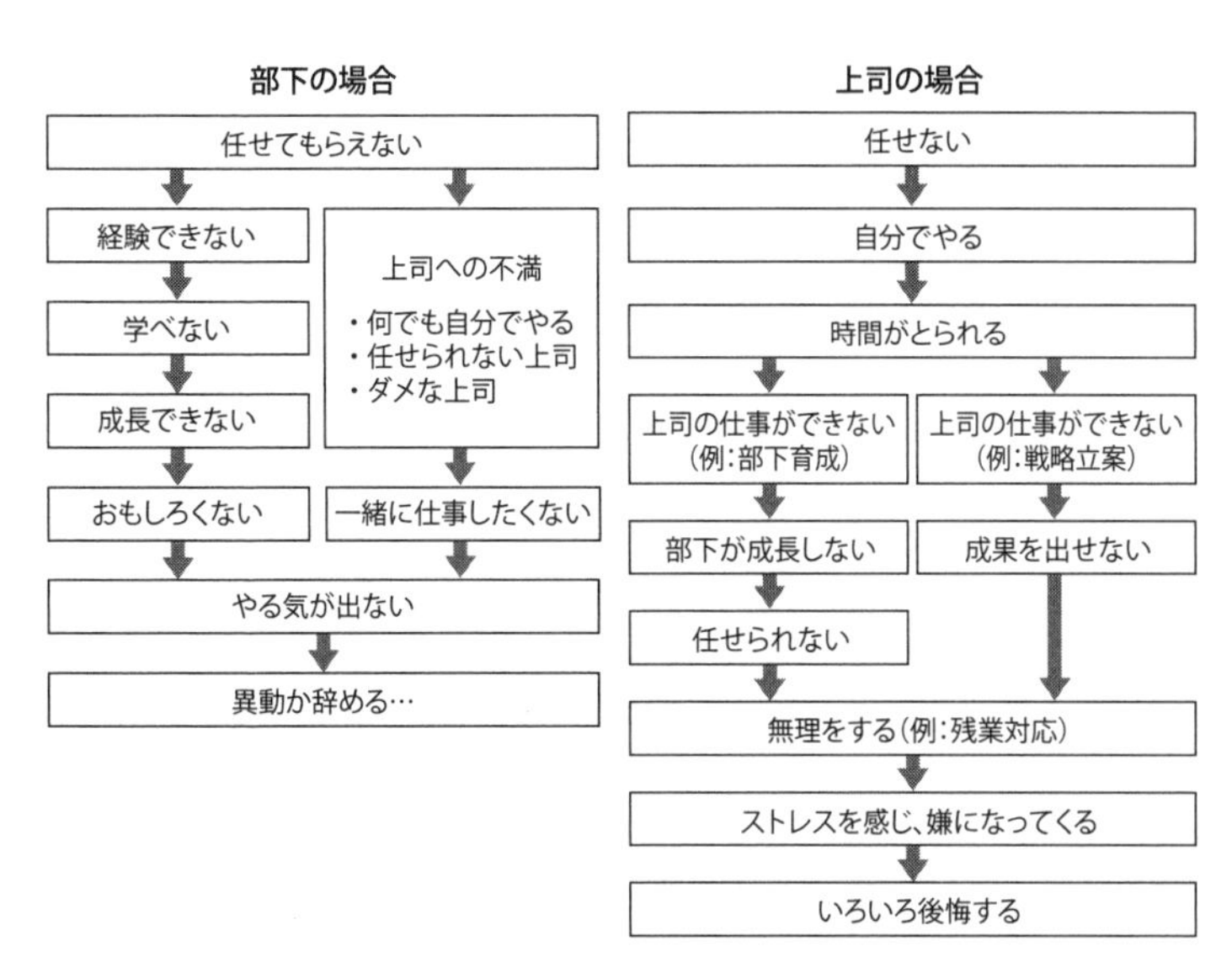

上司が部下に仕事を任せない流れ

力しながら進められるようになれば、あなたの時間は増えます。部下は任せた仕事で成長します。あなたは、より重要な仕事に集中でき、効率よく成果を出せるようになります。

そのためには、任せるための段取りが必要です。まずは**上司自身が、任せる段取りのための時間確保に向けて、何かの仕事を減らさなければなりません。**その際、**チーム全体が行う仕事の総量を減らす覚悟も必要**です。目標達成のために、絶対必要で重要な仕事以外はやらないと決断するのです。

それができないのであれば、**〝今はやらない〟という選択をして、積極的に先送りします。**どうしてもやらないといけない状況になれば、自ずと優先度は上がり、対応せざるを得なくなります。それまでは手をつけないのです。勝手に緊急度を上げてはいけません。だいぶ時間が経ち、**「まぁ、やらなくてもいいか」と思える仕事を増やす**のです。もし別のチームに迷惑をかけたら、上司が謝り、作業を手伝うなどしてリカバリーしましょう。

荒療治ですが、このように絶対に必要な仕事以外はやらない、あるいは先送りをして、時間を確保することが重要です。「いい加減だ」「無責任だ」「あり得ない」と思うでしょう。心の葛藤に耐えるのがシンドいと思うことがあるかもしれません。ですが、そうすることで、今までなかなかできなかった本来、上司として果たすべき重要な役割、「部下の力を引き出す」ことや「部下を育てる」ための時間や余裕が確保できるのです。つまり、部下に仕事を任せる計画や準備、必要に応じて教えるなどができるのです。

令和上司は実行します。「わかっているんだけど、できない」という言い訳はしません。まずは**部下を強力な戦力に、またパートナーになってもらうため、絶対的に必要かつ重要な仕事以外はやらない**ようにしましょう。

覚悟を持ってどんどん任せる

「部下に任せる」ことが大事だと頭でわかっていても、任せることに慣れておらず、ついやってしまう人はいると思います。しかし、上司は**「肩書きや役職が変われば、役割や責任は変わる」**を強く意識する必要があります。このことを忘れ、ついつい今まで通りのやり方や心構えで仕事をしていると、部下に迷惑をかけます。

あなたが仕事を抱え込むことで、本来やるべきことが滞ります。チームとして出せるべき結果が出せなくなります。例えば、あなたが出張や外出、あるいは休暇を取っている間に、他の人の仕事を止めていませんか？

もし、あなた以外でもできる仕事があれば、他の人に任せるべきです。

任せにくい理由の一つは「部下に任せると間に合わないかも」という心配ではないでしょうか。もしそうであれば、優先度や影響度の低い仕事を部下に任せましょう。例えば、「締め切りに余裕がある、やらないといけない仕事」「締め切りに遅れても、それほど迷惑をかけない仕事」「最悪、自分ですぐにリカバリーできる仕事」などです。

実際に部下に仕事を任せると、最初は自分でやるより、時間や手間がかかるかもしれません。ミスや失敗が起き、対応で普段より大変だと感じることがあるかもしれません。

しかし、部下は自分の頭で考えて工夫します。試行錯誤をして、うまく進めようと一生懸命になるから成長するのです。仕事を最後までやりきり、実力がつき、その達成感が自信にもなり、さらに伸びるのです。

部下に仕事を任せる、新しいことにチャレンジしてもらうことは重要です。**お客様や社外の人に迷惑はかけられませんが、社内の人たちに多大な迷惑をかけないようであれば、どんどん任せましょう。「社内でも迷惑をかけるのはよくない」は百も承知です。ですが、ある程度リスクをとらなければ、いつまでも任せられない**のです。部下の成長を本気で思うのであれば、覚悟を持って任せましょう。

そして大事なことは、部下を一人ぼっちにさせないことです。他の人に迷惑をかけたら〝一緒に〟解決しましょう。トラブル対応力こそ、できる上司の腕の見せ所です。

相手を傷つける任せ方をやめる

「とりあえず、自分で考えてやってみて」と言って、チームや部下に仕事を任せると、期待していたのと違うものが出てきます。「えっ!?　何これ？」「なんでそうしたの？」「なぜ相談に来なかったの？」「そんなの、常識でしょう」と心の中で思い、イライラし、ついつい口走ってしまう。これに似た経験をしたことは、誰にでもあるでしょう。

あなたは相手の経験や成長のために、その仕事を任せたかもしれません。相手の実力を見るためだったかもしれません。あるいは、自分が忙しいから、とりあえず任せたかもしれません。しかし、このやり方は相手を傷つけます。「相手のために」と思って任せたとしてもです。あなたの意図に関係なく、行動だけに焦点を当ててみましょう。

あなたは指示をきちんと出さずに丸投げし、後から文句を言っているだけなのです。責任を後からかぶせています。相手を傷つけるような任せ方をしてはいけません。

令和上司は、**求めている成果、アウトプットを具体的に示します。**

例えば、プレゼン資料を作る際は、「誰向けで」「プレゼンの目的は何か」「伝えるべきポイントは何か」「どのように使われるのか」「締め切りはいつか」などを最初から伝えます。さらに仕事を任せるポイントは、業務遂行上の必要なスキルやノウハウをきちんと教えることです。そして**仕事を任せ、やり方は相手に委ね、サポート**します。**業務に必要な最低限のスキルや知識を教えることなく、とりあえずやらせてみて、その結果を評価すれば、相手を傷つける**ことになります。時間も必要以上にかかり、かなり非効率です。まずは、この事実を認識しなければなりません。

細かく指示して、はじめて仕事内容が伝わる

私たちは、自分が知っている知識や情報を、相手も知っていると思ってはいけません。私たち上司は、仮に部下が説明下手だとしても、わからないことを確認して、相手の話を理解できます。しかし、その逆はなかなかありません。私たちが部下に伝えたことが、思ったより伝わっていなかったという経験は誰にでもあると思います。それは、持っている情報量や知識の違いや立場の違いが影響しています。

部下は、上司と比べ、総じて経験や知識がありません。部下によっては、「わからない」ことすら気づいていないこともあります。また、わからないことがあっても、立場的に「わかりません」とは言いにくいものです。「そんなことも知らないの？」と言われることを恐れているかもしれません。「わからないことがあったら聞いてね？」と言われても、質問できない人もいます。いろいろな人がいます。まずは、この事実を認識しましょう。

また、「聞いてね？」と言っても、部下が聞いてくれないなら、どうしようもない。むしろ、「わからないことを放置すること自体がダメでしょう」と思う人もいるかもしれません。ただ、一歩下がって、この状況を俯瞰してみると、「本当はわかっていない部下」と「そのことに気づいてない上司」共に問題があります。このようなとき、部下は概ね「自分はわかっている」と思い込んでいるか、「自分がわかっていることが正しい」と勘違いしています。

わかっているはずであることを復唱してもらい、確認することは大切です。

また部下の理解度に合わせて、丁寧に何をするのかを説明しましょう。

例えば、セミナーの準備をしているとします。新入社員の人に「セミナーの資料を印刷して、参加者の席に置いといて」と指示しても、経験をしたことがない人にとっては、この指示の仕方では迷います。あなたが期待するような準備はできないでしょう。

もっと具体的に、「セミナー資料をモノクロの片面印刷で20人分印刷する」「それぞれ、資料の左上に斜めでホッチキスで留める」「開始30分前までに、1部ずつ参加者の机の上に配る」のように指示しなければなりません。

以前、上海での講演の準備中に、会場担当の人がガラスのコップの位置までメジャーで測定し、位置を調整していたのは驚きました。また、インド人のマネージャーが作ったセミナー準備のチェックリストに、チェック項目が数百あったのも徹底度が違うと感じました。ちょっとやり過ぎでは？と思いましたが、大事なことは、**仕事の質を上げるため、アウトプットのイメージを細部まで言語化して、意識できるように教えていくことです。また部下にそのアウトプットを現場で、あるいは動画や写真などで見てもらう**ことも大切です。

細部にこだわりすぎるのは問題です。しかし、経験や知識が少ない部下の仕事の質を上げていくためには、段階的に細かく教え、少しずつ細部が意識できるようになってもらうことです。普段から仕事を任せるときは、状況や背景、成すべきことやその目的や目標、具体的な作業、必要に応じて誰向けなのか（対象者）などをきちんと伝えましょう。

また、相手にわからないことを質問してもらえるように、その重要性を説明しましょう。例えば、「一番嫌なのが、やり直し」だということを強調するのも手です。

やり直しは、みんなにとってムダです。「こうに違いない」と勝手に決めて、やり直すのは最悪です。そのため、「わからないことや曖昧なことがあったら、聞いてもらえる方がありがたい」みたいな話をすると、今までより質問してくれたりします。日頃から、質問を受けることを面倒がらず、質問大歓迎の雰囲気を作りましょう。

「どうやるか」の細かすぎる指示は相手の考える力を奪う

私たちは、部下に指示をするとき、「何をやるか」の説明よりも「どのようにやるか」を細かく指示しがちです。アウトプットの要求事項として、決まったやり方が必要であれば問題ありません。しかし、いろいろなやり方があります。自分の好みのやり方など、絶

上司が伝えるべきこと

- WHY （目的や背景）
- WHAT （目標や成果物、アウトプットのイメージ）
- WHEN （締切）
- WHO （誰に対して）

部下に決めてもらうこと

- HOW （どうやるか）

アウトプット指示は細かく、やり方は口出ししない

対必須ではないことを指示するような任せ方はよくありません。**アウトプットとして「何が必要か」は詳しく伝え、「どのようにやるか」は部下に決めてもらう**ことが大切です。

また心配性の人ほど、指示したやり方をきちんと守っているかを頻繁に確認し、安心しようとします。ですが、部下の立場から考えると、「こんな細かいことまで口出ししてくるのか」「自分は信頼されていない」など、不平や不満、不信感を持ってしまいます。

すると部下は、「上司に怒られないために、指示に従っていればいい」「否定されたくないので、上司のこだわりに合わせておこう」「スムーズに仕事を進めるために、事前に確認しなければならない」という思考になってしまいます。その結果、自主性がなくなり、自発的に行動しなくなります。

言われたことをするだけの方がラクだと感じ、考えることをしなくなります。頻繁にやることを確認したり、承認を求めに来たりします。上司が部下の仕事に干渉し過ぎると、相手のやる気を削ぎ、考える力も奪います。

部下がそうならないように、上司は自分の役割として本来、何をすべきかを今一度考えなければいけません。できる上司は、**いつまでに何が必要かと、その理由を説明するだけ**です。仕事の成果物のイメージや完成形、達成すべき状態などを具体的に詳しく説明しますが、やり方や進め方、どうやり遂げるかについては口出ししません。部下が自分で考え、決めるべきことだからです。

部下の知識や経験が足りないときは、何をやるべきかを丁寧に説明し、やり方や方法を教える必要があるかもしれません。ですが、最終的には**部下がやり方を決め、進めていく**ことが大切です。仮に、**自分の好みのやり方でない場合でも、口出ししてはいけない**のです。アウトプットの要求事項として、絶対やっておかなければいけないことは細かく指示を出し、そうでなければ、「どうやるか」は部下に任せましょう。

相手の実力より少し上の仕事を任せる

仕事を任せたにもかかわらず、担当者から頻繁に質問や相談をされることがあります。仕事を任せた上司は「任せたんだから、あとはあなたが何とかしてよ」と期待することもあるでしょう。重要案件で忙しく、協力する余裕すらないときもあります。すると、「任せたんだからやってよ！」「なんでこんなこともわからないの？」とどんどん感情的になっていきます。それが態度にも出てきます。相手は相談しにくくなり、結果的に「こうなる前に相談に来てよ！」と思うことが増えます。

まずは、**任せる仕事のレベルと相手の実力のギャップを把握**する必要があります。このギャップが大き過ぎると、いくら指示をしても、相手はスムーズに仕事を進めることができません。任せた仕事を何とか進められる最低限必要なスキルや知識を相手が持っていないと、あなたが対応することになり、チーム全体として効率が悪くなります。

相手は何ができて、何ができないのかを把握しましょう。業務に必要な知識やスキルを持っているのかどうかを確認しましょう。部下の力量を知るためには、常日頃からコミュニケーションをとりやすい関係を作ることは大切です。そして、相手の実力と仕事のレベルのギャップが許容できる範囲内で、相手が何とか自分で進められるような仕事を任せるようにしましょう。また、ギャップを埋めるために教えるなどの対応も必要です。

ただ、入社したばかりで、あるいは異動してきたばかりで、相手の能力がわからない場合は、小さな仕事を与えてみることです。そうすることで、現時点での「できていること」「できないこと」が見えてきます。経験や知識があまりない人に対しては、業務を一気に任せるのではなく、業務をステップに分け、ステップごとに任せます。最初のステップに対して細かく指示をして、それができたら次のステップを任せる流れです。

また、緊急のトラブル対応やリソース不足などで、難しい仕事を部下や後輩に任せざるを得ない状況もあると思います。このときは、**相手の実力と仕事のレベルのギャップが大きければ、少しでも埋められるよう、教えたり、アドバイスをしたりして、できるだけサポート**をしましょう。

仮に失敗する可能性が高いと判断しても、小さな失敗を招く程度までギャップを埋めるように努めることが大切です。仕事を任せっぱなしにして、相手に大失敗させるような投げやりな進め方は、相手を傷つけるための嫌がらせ行為と変わりません。

なお、目の前のギャップを埋めることが目的になってはいけません。**相手の成長を考え、一人で課題を解決できるスキルやノウハウをどう身につけてもらうかを考え、具体的なプランを立てる**ことが大切です。これをしないと、相談が増えるだけです。上司として仕事をした気にはなりますが、相手は期待するほど成長しないでしょう。相手がその問題を解決できるノウハウや知識を得たかを確認するまでがセット、だと考えることが大切です。

3つの責任のうち、どれを果たすかを明確にする

「責任」という言葉を毛嫌いする人はいます。例えば、「期待に応えなければいけない」というプレッシャーを感じ、自分を追い込んでしまう人はいます。「責任を果たせていないかも」という劣等感や孤独感を感じる人もいます。また「自分だけの責任なのか？」と思い、他人を妬み、嫉妬する人もいます。

仕事で成果を出すためには、この被害者のように感じる責任と向き合い、得体のしれない**曖昧な責任をハッキリ**させることが大切です。具体的には、**「誰が」「誰に対して」「何**

について」「どうするか」を明確にすることです。このとき３つの異なる責任（①遂行責任、②説明責任（アカウンタビリティ）、③賠償責任）から考えるといいでしょう。部下や後輩の中には、責任とは賠償責任のことだと考えている人はいます。責任とは、それだけではないことを説明します。

①遂行責任

業務を最後まで遂行すべき責任は、新入社員を含め、誰にでもあります。業務をやっていく中でわからないことがあれば、上司や先輩、同僚に聞きながら、仕事を遂行させる責任が発生します。

②説明責任（アカウンタビリティ）

一番意識が薄いのは説明責任です。これは、活動（意思決定や行動含む）や結果を説明する義務だけではなく、その結果の責任も負います。**説明責任は誰にでもあります。**

例えば、上司は自分の上司に対して説明責任を負います。上司は部下に権限を委譲するため、部下は上司に対して説明責任を果たす必要があります。一方、権限を委譲しても、

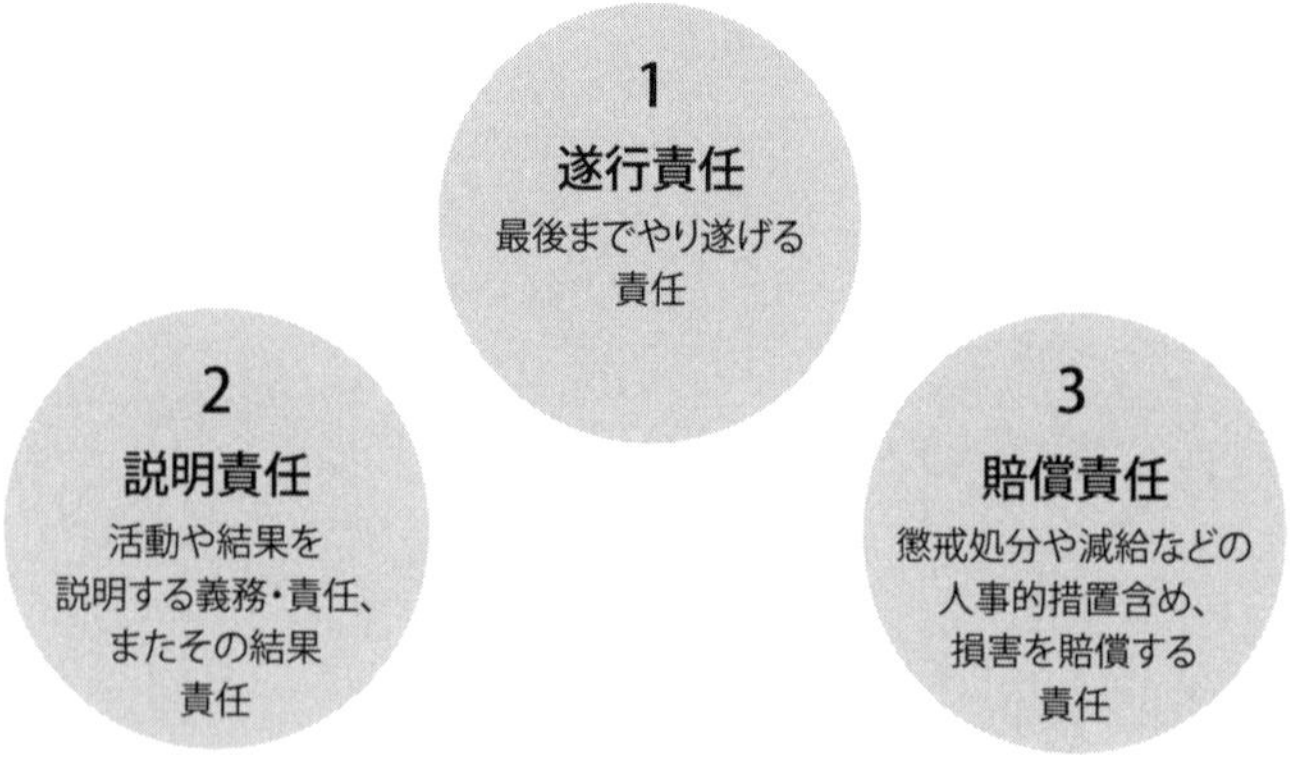

1
遂行責任
最後までやり遂げる責任

2
説明責任
活動や結果を説明する義務・責任、またその結果責任

3
賠償責任
懲戒処分や減給などの人事的措置含め、損害を賠償する責任

3つの責任

上司の責任がなくなるわけではありません。上司に説明責任を果たす必要性は残ります。いわゆる、「誰が責任を取るのか」と言えば、上の人が中心に責任を取るというものです。

できる上司は、説明責任を必ず果たします。

例えば、お客様をはじめ、業務報告をしなければならない人に対して、「何をしているのか?」「なぜ、そうしているのか?」「なぜ、その問題が起きたのか?」「なぜ事前に対応できなかったのか?」「対策はどうするのか?」「再発防止はどうするのか?」「なぜそう判断したのか」「その根拠は?」などの質問にきちんと答えます。また問題が起きれば、正面から批判を受ける、怒られることも含まれます。

③賠償責任

例えば、「顧客情報を漏らす」「業務中に飲酒する」などの重大な過失や故意による過失でもしなければ、賠償するようなことにはならないでしょう。普段から会社のルールを守って仕事をすることを意識しましょう。

このように曖昧な責任を具体的にして、責任を果たすことは当然と捉えることで、「自分こそがこの役割を果たし、成果を出さなければ」と考えていけるようになるでしょう。

「待つこと」も仕事

他の人に仕事を任せると、「自分がやれば、すぐに解決するのに…」ともどかしい思いをすることがあります。しかし、権限を与えているのであれば、立場を使って権力を行使するような横暴なことをしてはいけません。例えば、「サポートする」という名の下で、自分が任せた仕事に首を突っ込み、意思決定するようなことはしてはいけません。

あなたのイライラが解消される以上に、相手のやる気を奪います。
令和上司は、**仕事を任せる前の時点で、関わり方を決め、部下と共有**します。やり方に口出しはしないけども、定期的に状況の確認はするというものです。上司には結果責任があります。部下に仕事を丸投げして、状況を知らないという放任はできないからです。

一方、部下には遂行責任があります。これは、部下が助けを必要とするとき以外は、上司が安易に部下を手助けするなど、**仕事の干渉をしてはいけない**ということでもあります。「何かできることがあれば、いつでも言ってね」と、必要あれば喜んで協力するという姿勢を伝えるぐらいがいいでしょう。ときには、**待つことも仕事です。**

任せた案件については、**多少の問題があっても、深刻な状況になっていなければ、任せた相手に対応してもらいましょう。**仮にあなたの方が経験やスキルがあったとしても、担当者の方が状況や詳細をわかっています。詳しく知らないものが、中途半端に関わり、「いいと思ってやった」という正義感が問題を起こすこともあり得ます。仕事を任せた以上は最後までやってもらいましょう。

仕事を任せる前に、リスクマネジメントの一環として、**上司が関与して対応しなければ**

いけない状況（タイミングや条件）を決めておくといいでしょう。例えば、「深刻な状況になったら関与する」というのであれば、「深刻な状況とは、どういうときか？」を具体的にすることで、上司が行動すべきかどうかの判断基準が明確になります。

このような決め事は、実は上司と部下だけの話に限りません。リモートワークなど相手の状況が見えないときにこそ、関与するタイミングを言語化することが大切です。チーム間でどう仕事を進めるのか、運用していくかの共通認識を持つことが重要です。そうすることで、上司や部下、関係者みんなにとって仕事が進めやすくなります。

権限は部下の成長を加速させる

あなたが達成感を感じたのは、どんなときでしょうか？

「チャレンジングな仕事を任され、やり遂げたとき」「期待以上の成果を出したとき」「上司や一目置いている人から褒められたとき」など、人それぞれと思います。ですが、共通して、自分で責任を持って何かをやり遂げた際の達成感は気持ちがいいものです。

プロとして一皮むけた、という喜びを感じる人もいるでしょう。このようなときは、上司や周りとの関係も良く、円滑に仕事を進められているのではないでしょうか。

私たちは、自分が忙しいときに、部下に仕事を任せると余計に仕事が増えるかもしれないと思い、自分でやってしまうことがあります。ですが、うまくいったとしても、それは一時的なことです。必ず限界があります。何でもかんでも自分でやってしまい、部下の仕事を奪うことをやってはいけません。

思い出してみてください。あなたがやりがいや達成感を感じたときのことを。やり方を教わり、権限が委譲され、仕事を任され、自分の力でやり遂げたことを。

令和上司は、部下に権限を委譲し、自分はより重要な仕事に専念します。**権限はどんどん部下に与え、仕事を任せましょう。**権限を部下に与えることで、部下は責任を果たそうとします。すると部下は、あなたが思う以上の早さで成長します。

逆に権限がないと、許可や承認が必要になり、部下は思うように意思決定や行動ができなくなります。部下の力を引き出すことができません。人によっては「自分は都合のいいように使われているのでは？」と思い込んでしまいます。**業務を遂行する上で必要な権限**

を与えることが大切です。

このとき、一部の仕事ではなく、できれば一つの分野の仕事やプロジェクトなど、完結したものを丸ごと任せましょう。そして、**「成果が上がれば部下に、結果責任は自分がとる」を意識してサポート**していきます。

すると部下はより積極的に仕事に取り組み、結果を出し、成長してくれることでしょう。結果的に「層が厚い」チームにもなり、業務の属人化の解消にもつながります。

自分事にできるかが成果と成長のカギ

上司が部下に対して、「もっと当事者意識を持って、仕事をしてほしい」「もうちょっと自分事にしてほしい」と言うことがあります。しかし、具体的にどういうことでしょうか？部下が手を抜いているのでしょうか？

言われた仕事でさえ責任を負わない、やる気のない人はいますが、多くの場合は、**あなたが期待する仕事の範囲において、部下本人が担当責任者であるという自覚がない**のではないでしょうか。指示された作業の範囲でのみ責任を果たすことに目が向いており、それがもどかしく思うのはないでしょうか（ひょっとしたら、気づいてはいるけれども、何かしら納得できないことがあり、「私には関係がない」という態度を取っている人がいるかもしれません）。

ここでの問題は、やる気や責任感の有無だけの問題ではないということです。

例えば、部下は、マイクロマネジメントされれば、「言われたことだけやればいい」という考えになり、思考停止になります。また仕事の範囲が曖昧だったり、情報や知識がなければ、想像することもできないでしょう。

自分事にしてもらうには、まず仕事の目的や目標を明確にするため、「何のためにするのか」を伝える必要があります。また、**上司が期待する役割の範囲も明確にすることが重要です。**そうすることで、部下は上司が期待することに意識が向くようになっていきます。

そして、「いつまでに、何をなすべきか」をきちんと説明し、部下に遂行責任があることを理解してもらいましょう。**仕事の成果や役割の範囲を合意してもらう**ことで、部下は、やらされているのではなく、当事者意識を持って仕事に取りかかってくれます。組織やチームのために行動します。「それは自分の仕事ではない」と無責任なことは決して言わないでしょう。

さらに、部下に自発的に行動してもらうために、**部下にとって、どんな意味や価値、メリットがあるのかを理解してもらう**ことも大切です。多くの場合、人は自分にとって得になるときに動きます。自分の価値観や経験、知識などをもとに、自分にとって価値や意味があると判断すれば、自らの意思で行動するでしょう。これらを続けていくことで、部下も仕事がしやすくなり、多くを学び、成長していくでしょう。

第4章　まとめ

- 部下に仕事を任せる計画や準備をする
- それぞれの役割を果たすために仕事はどんどん任せる
- 相手を傷つける任せ方をやめる
- アウトプットを細かく説明するから仕事の内容が伝わる
- やり方や進め方、どうやり遂げるかについては口出ししない
- 部下の実力より少し上の仕事を任せる
- 曖昧な責任を明確にして責任を果たす
- 任せた仕事は最後までやってもらう
- 権限をどんどん与える
- 仕事の成果や責任の範囲を合意し、自分事にしてもらう

チェックしましょう！

- □ 任せず、つい自分でやってしまう（➜P108）
- □ 部下に仕事を任せることに躊躇してしまう（➜P111）
- □「とりあえず、まずはやってもらう」で仕事を進めている（➜P113）
- □ 大雑把な指示をしてしまう（➜P114）
- □ やり方にこだわってしまう（➜P117）
- □ 必要な知識やスキルを部下が持っているかを把握していない（➜P120）
- □ 説明責任が何かを説明できない（➜P122）
- □ 任せた仕事に対して、つい首を突っ込んでしまう（➜P125）
- □ 部下が任せた仕事に関して、よく許可や承認を求めにくる（➜P127）
- □「もっと当事者意識を持って仕事をしてほしい」と思っている（➜P129）

※チェックがついたら本章を読み返しましょう

第5章

ほったらかしせずに フォローする

【確認する力】

押さえるところは押さえる

仕事の目標ややり方を教え、任せればそれでいいかというと、そういうわけにはいきません。任せられた部下は、思った通りにうまくいかず、困っているかもしれません。あなたは、自分のチーム内で起きていることを、どれくらい把握していますか？

令和上司は、**自分のチームが何に取り組んでいて、どういう状況かを把握**しています。そのため、**チームや部下が抱える課題を迅速に解決に導く**ことができます。マイクロマネジメントをするのではありません。部下に仕事を任せているのに、管理しようと仕事の邪魔をするのは、害悪以外の何物でもありません。部下が作業に取り込んでいる際に進捗確認をすれば、その作業を止めます。**「自己満足の確認」はしてはいけない**のです。

とはいえ、説明責任のある上司は、自分のチームの重要な案件について全体状況や進捗を把握していなければなりません。他の人から状況を質問され、「ええと、ちょっと聞いてみないとわからない」と言う上司は、チームや部下の仕事をマネジメントできていません。重要な案件の状況や進捗はしっかり押さえましょう。

ここで問われるのは、**「あなたの役割は何か？」「存在価値は何か？」「どういう価値を生み出しているか？」**です。私たちは、チームとして成果を上げなければなりません。仕事の進捗に問題があれば、サポートして期限内にやり遂げなければなりません。

チーム全体の状況を把握することで、部分最適とは違う、**全体の視点に立った意思決定ができます。**チームが最高のパフォーマンスを出すにはどうすればよいのかを示しましょう。そして、その仕組みや手段を確立していくことが大切です。まずは、**こまめにチームとコミュニケーションをとり、キーとなる情報を集め、全体の状況を把握しましょう。**

自分からフォローし、仕事を前進させる

「何かあれば、いつでも聞いてね」と言う割に、実際には何もしない。依頼したら、あとは任せっぱなしの状態になっていませんか？

部下に仕事を依頼したらおしまいとなっている人は、何か問題が起きたから対応するとか、予定通りに終わらなかったから確認するとか、受け身で仕事をしています。これでは本来、上司が果たすべき役割を果たしていません。

令和上司は依頼しっぱなし、やらせっぱなしなど丸投げや放任はしません。重要な案件であれば徹底的にフォローして、全体の状況や進捗を把握します。催促もします。

仕事の内容にもよりますが、週1回ほど進捗を確認します。2、3週間放置すると、対応が後手に回ることがあるからです。

経験や知識が少ない部下に対しては極論、毎日「困っていることはないか？」「何か力になれることはないか？」と聞いてもいいと思います。部下によっては、「上司が気にかけてくれている」という安心感を得て、仕事に集中できる人もいます。相手によって、フォローの仕方を変えていきましょう。

また、部下に任せた仕事の締切もスケジュールに登録しておきます。そして締切の2、3日前に「どう順調？」と軽く確認し、忘れ防止をしておくことも大切です。上司自身が部下の仕事の締切を覚えるなどのムダをしないように、Ｇｏｏｇｌｅカレンダーやｏｕｔｌｏｏｋ予定表などのリマインダー機能を使いましょう。自動で通知してくれます。このように、フォローを忘れない仕組みを作っていくことは重要です。

大事なことは、部下が業務をやり遂げられるよう、どうサポートできるかを常に考え、

■ 今週の主な案件や状況 TOP3

書くポイント

・重要なタスクのみを記載
・シンプルに伝える。事実と意見を分ける
・困っていることがあれば、それも記載

■ 翌週の優先度が高いもの TOP3

上記の今週の主な案件と状況と同じです

■ 妨げになりそうなことと、それに対して必要なサポート

・どんな場面で、具体的にどんなことが妨げになりそうかを記載
・上司や周囲に「お願いしたいこと」「必要なサポート」を記載
・「いつまでに」必要かを記載

週次レポートの例

部下の悩みを吸い上げることです。**「トラブルこそ自分の出番」と考えるのではなく、適切に関与して、トラブルが起きる前に対策**しましょう。

部下に報連相を期待してはいけません。チームとして成果を出すために、上司から率先してコミュニケーションをとることは大事な役割です。私は、今までにいろいろなグローバルで活躍しているリーダーと仕事をしてきましたが、**報連相は部下がするものなんて思っている人は誰一人いませんでした。**日本のビジネススタイルなのかと思いました。もし、あなたが何もせずに部下が失敗すれば、それはあなたの責任です。失敗を回避しようとしなかった職務怠慢です。失敗から学ぶことは大切ですが、**失敗させることが目的化してはいけません。**

そのため、**週次の打ち合わせや報告書の提出など、悩みを気兼ねなく共有できる機会や方法を増やす**ことも大切です。現在の部下との関係性にもよるかもしれませんが、カジュアルに「どう？　うまく進んでいる？」「おもしろそうだね、ちょっと教えてよ」と尋ねて、**部下の仕事に興味を示す**のもいいでしょう。部下と話せていないと感じるのであれば、今日から少しずつコミュニケーションをとる機会を増やしましょう。

ただ、いい人間関係を構築するためにプライベートも含めて、相手のことを何でもかんでも知ろうと思う必要はありません。あくまで、仕事が円滑に進められ、成果を上げるためのコミュニケーションです。

例えば、挨拶一言でいいので、自分から話しかけましょう。相手が何か困っていないか、上司としてサポートできることがないかを聞きましょう。これらを意識して部下とのコミュニケーションを増やし、仕事を前進させ、目標に向かっていくことが重要です。

「1on1」が情報共有と部下の成長を促す

私たち一人ひとりには説明責任がありますが、この責任をきちんと果たせる人は意外に少ないです。思わぬ問題や失敗が起き、悪い報告をするのは気が重いものです。「できない人だと思われたくない」「面倒をかけたくない」「手間をとらせたくない」と思う人もいるでしょう。ですから、自分がなかなかできないことを部下に期待してはいけません。

部下に説明責任を果たしてもらえるよう、タイムリーかつスムーズに情報共有できる仕組みを作ることが大切です。毎週15分でも30分でも構わないので、「1on1」をしましょう。普段から話せる機会を意図的に作ることで、部下にとっては質問や相談がしやすくなります。上司としても状況や状態を把握でき、情報共有やフィードバックがしやすくなります。お互いの理解が深まり、共通認識を持って仕事に取り組めます。

「わかっているけど時間がない」と思うかもしれません。ですが、部下とのコミュニケーションを後回しにすると、ミスや失敗を未然に防げる機会を失います。チームの雰囲気も悪くなっていきます。そのため、**コミュニケーションを仕組み化、習慣化することが重要**です。すると、部下との共通認識が増え、自律して動いてくれるようになります。何か問題があっても大きくなる前に対処できます。情報共有ができているので協力し合え、目標に向かっていけます。あなた自身の負担も減り、余裕が出てきます。そしてより重要な仕事に取り組め、成果を出せるようになります。

「1on1」は、**管理のためではなく、**部下の現状や悩みを聞き出しながら、**部下の成長を促す「部下のための時間」**です。「今困っていることは何か？」「上司として何か力になれることがないか？」を中心に対話しましょう。傾聴や質問をして、内省を促しながら、「気づきや学び」「よかったこと」「改善したいこと」「トライしたいこと」を考えてもらいます。

仕事を進めていく上で、妨げになっていることや障害があれば、いつでも協力するというあなたのスタンスを部下に知ってもらいましょう。上司の大事な仕事の一つは、部下の仕事の障害を取り除くことです。その上で、報告の責任があること、あなたは具体的に何を求めているのかを伝えることです。そして、「情報共有してくれることがありがたい」

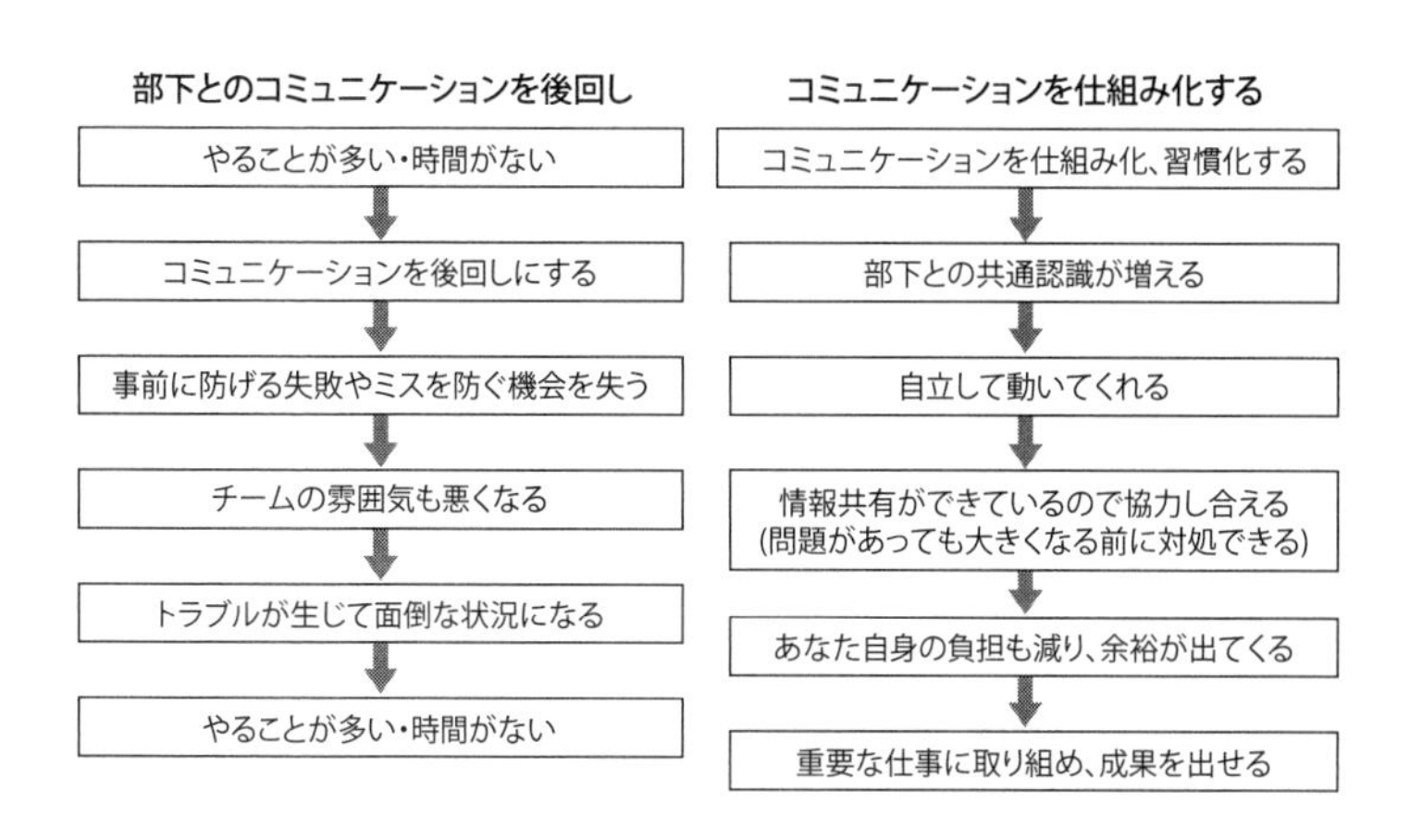

コミュニケーションを仕組み化する

という旨を伝え、それを繰り返し言い続けることが大切です。そして「１ｏｎ１」の後に、部下が「話せてよかった」「気づけてよかった」「学べてよかった」などと思ってもらえることが大切です。

部下によっては、問題がなければやる必要がないと思うかもしれません。時間がとれるからです。この場合、目の前の仕事だけではなく、もう少し長い期間で見て、部下の成長やキャリア開発を支援したいこと、「１ｏｎ１」の意義を部下に伝える必要があります。

さらに、他愛もない会話をすることが大事です。「社内でこんなことがあったんですよ」「先週末、日帰り旅行しましたよ」みたいな雑談です。すると、組織における上司と部下の上下関係の障壁が下がります。部下からすると、上司に話しかける心理的ハードルが下がります。そのため、何か困ったことがあったら相談しやすい関係になります。

とはいえ、実際にやろうとすると、優先度の高い業務のフォローをしながら、ゆったりとした話をするのは難しいものです。

そこで、私自身がやった方法は、「１ｏｎ１」の目的や効果を考え、相手によって面談を分割するようにしました。今まで週１回１時間の面談を２回に分けました。

最初の面談は、月曜日に、時間は10分から最大30分。内容は、進捗状況の確認と今後のサポートについてです。２回目は、週後半に行いました。ここでは、案件の質問があれば答えますが、雑談や部下中心の話がメインです。例えば、他の部署と仕事を進めるコツ、伸ばしたいスキル、業界の話、今後のキャリアなどさまざまです。あくまで、部下が気持ちよく仕事ができ、部下に役立つことを主目的にした面談です。

部下が成果を出しやすいように、情報共有しやすい場を提供しましょう。もっと言えば、部下が、安心して気持ちよく仕事ができる環境を作っていきましょう。

コミュニケーションは質より量

上司が「何かあったら、いつでも相談に来てね」と部下に言っても、部下はなかなか相談に来ないでしょう。何か余計なことを言うと叱られると思い、気後れしているかもしれません。

漠然と相談するのが面倒だと感じているのかもしれません。あるいは信頼関係が構築できていないのかもしれません。ただ、必要なタイミングで話し合いができないと、きちんと対策ができず、必要以上に時間がかかることがあります。

例えば、経験が少ない部下が調べ物をすると、必要以上に時間を費やすことがあります。自分で調べ、考えることは大切ですが、時間の浪費はよくありません。あなたの一言で部下の時間を2時間、３時間とセーブできることもあります。

普段からコミュニケーションをする機会や場を増やしていくことが大切です。その環境を作るためには、**コミュニケーション自体を部下任せにするのではなく、上司の方から積極的に取る**必要があります。すでに紹介していますが、毎日、自分から部下に話しかけ、会話を交わす基本的なこともそうですし、定期的に話せる場を設けることです。

さらに、着実にコミュニケーションを増やすために、**コミュニケーションのタスクを「やるべきリスト」に組み込みます。もしくはスケジューリング**します。

例えば、「午前10時までに○○さんに声がけして、困ったことがないかを確認する」予定を立てます。このように仕組みを作ることで、忘れたり先延ばしたりすることを回避できます。すると、今まで以上にいいタイミングで、必要なコミュニケーションが実現します。

アメリカの心理学者であるロバート・ザイアンスが提唱した「ザイアンスの法則」では、人は接触回数が多いほど相手に好意を持つようになると言われています。経験則からも、知らない人とは最初は距離を置くかもしれませんが、仕事でやりとりする機会が増えると、どんどん親近感を覚えるでしょう。あの感覚です。そのため、**週に1度、長く深い話をするよりも、毎日5分でも10分でも話し、コミュニケーションの回数を増やす方が距離を縮め、信頼関係を築きやすい**のです。

つまり、今まで気分や感覚でやっていたコミュニケーションを、ミーティングなど話し合える場や機会を意図的に設け、増やしていくのです。そうすることで、コミュニケーションの量が増え、相手をより知ることができます。自分も知ってもらえます。コミュニケーションはミーティング時だけではありません。職場の休憩室や給湯室、廊下、エレベーターなどちょっとした場所や時間でコミュニケーションが図れます。

信頼関係を構築するために、飲みに行かないといけない、あるいは腹を割って話さなければならないと思い込む必要もないのです。そういうことを好む相手にすればいいのです。相手が好んでも、自分が好まないのであれば、飲みに行く必要もないです。嫌々やっても相手には伝わります。あくまでビジネス上の信頼関係を作ることが大事であり、仕事で成果を出すことが目的です。

またコミュニケーションに自信がないのであれば、**コミュニケーションのハードルを下げるために、現実的で行動しやすく、具体的な小さな目標を設けましょう。**

例えば、「1日1回以上、部下に『ありがとう』を言う」と目標を立てましょう。そして、行動し、振り返る。できていれば、新たな目標を立てる。できなかったのであれば、さらに実現できそうな小さな目標を立てましょう。「1日1回、部下に『メールを送ってくれて、ありがとう』とメールで返信する」というようにです。一つひとつクリアし、成功体験を増やしていくことで、コミュニケーションの量は増えていきます。

根本的に、コミュニケーションの質云々よりも、そもそもの回数が少ないのです。そのため、コミュニケーションの回数や頻度を増やすことは、現実的かつ有効な対策になります。すなわち、「プラン→実行」を意識すれば必ずできます。

コミュニケーションの計画を立てて、話し合える機会を増やしましょう。結果的に、相互理解が進み、仕事を円滑に進めていけるようになります。

報告は助け合うための情報共有

社会人は定期的に報告することを求められます。「報告なんて面倒」「こんな雑用やりたくない」と思う人は多いでしょう。では、あらためて、なぜ報告するのでしょうか？

主な目的は、チームとして課題を見つけて解決するためです。問題やミスを発見し、トラブルを未然に防いだり、被害を最小限に抑えたりします。**報告自体が目的になってはいけません。報告はチームとして成果を出すため、必要に応じて助け合うための情報共有です。**そこで、上司は業務の状況や結果を正確に集められるよう、報告してもらうことに力を入れるのです。お互いに共通認識を持つことで、チームとして迅速に対応できます。

仕事のパフォーマンスを上げるため、各活動の成果や実績も報告してもらいます。それらを評価・分析し、どう改善できるのかを検討します。そのため、どんな情報が具体的に必要なのかを考えなければいけません。

例えば、「どんな目標を立てたのか?」「結果はどうだったのか?」「何をやり遂げたのか?」「その業務から得られた教訓や学びは何か?」「どんな課題や改善項目が見つかったのか?」などです。これらの情報により、現在のチームや個人の実力、今後の課題が見えてきます。次の目標を立てる上でも役立ちます。

また報告しやすい風土を作っていくためには、報告する判断基準や報告に関するルールを明確にする必要があります。同じ情報でも、人によって必要なものかどうかの考えは違います。上司は大事だと思った情報でも、部下はそう思っていなかったというパターンです。そのため、報告の目的をハッキリさせるだけではなく、組織やチームの目標を理解してもらい、判断基準の共通認識を持つことが大切です。要するに、上司が必要そうだと思う情報を部下に知ってもらうことです。

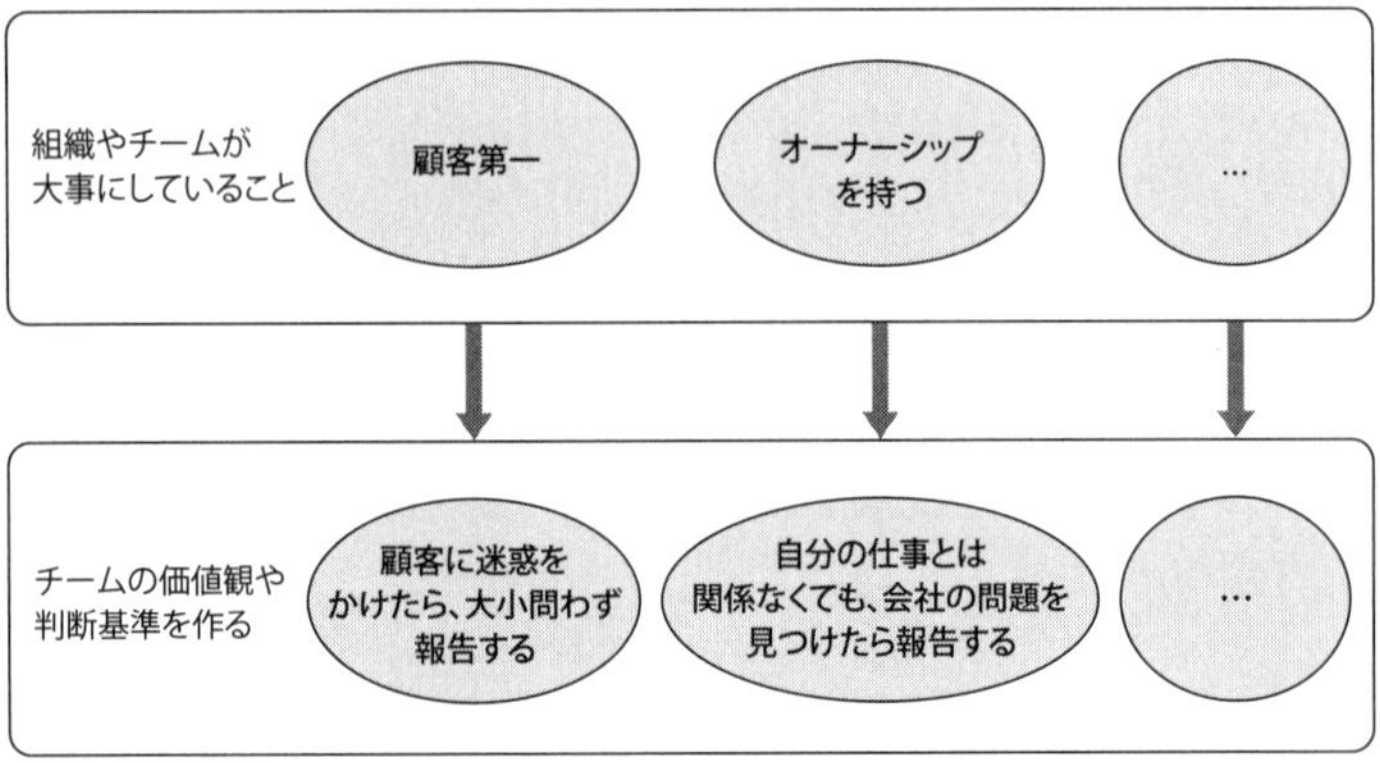

組織やチームが
大事にしていること

顧客第一

オーナーシップ
を持つ

…

チームの価値観や
判断基準を作る

顧客に迷惑を
かけたら、大小問わず
報告する

自分の仕事とは
関係なくても、会社の問題を
見つけたら報告する

…

組織やチームが大事にしていることを基に、価値観や判断基準を作る

組織やチームが大事にしていることを基に、価値観や判断基準を作っていきます。

例えば、「顧客第一」であれば、「顧客に迷惑をかけたら、大小問わず報告する」。「オーナーシップを持つ」であれば、「自分の仕事とは関係なくても、会社の問題を見つけたら報告する」のようにです。きちんと言語化することが大切です。

また、報告を歓迎し、評価されることを部下に伝えましょう。そして、報告されたら、きちんとフィードバックすることも大切です。チームで助け合いながら進んでいくための情報共有です。報告に対する考え方が一貫されれば、共通認識を持って、助け合いながら目標に向かっていけます。

何でもかんでも部下に報連相させない

情報共有は重要ですが、できる上司は、**何でもかんでも部下に報連相（報告・連絡・相談）させません。**手段が目的化しないようにです。そのためにも、報連相の基本的な考え方やルールを決めます。例えば、**報告については、上司が必要な情報を部下に要求します。**普段の状況確認であれば、部下が成果を出す上で「どういう課題や妨げがあり、どういうサポートが必要か？」を共有してもらいます。部下からの連絡については、業務に影響する場合のみ、その内容を情報共有して欲しいと依頼します。

報連相は、**事実（例：起きたこと、存在していること、調査や検証で確認したこと）と意見（例：考えや判断、確証のないこと）を分けて伝えてもらいます。「５Ｗ１Ｈ」や数字を使って具体的にして、理由も明確にしてもらいます。**

事実と意見が明らかになると、理解しやすくなります。進捗確認であれば、例えば「進捗は、○○の作業まで終わっているので、80％程度です。特に懸念はないので、明日の正午までに提出します」のように伝えてもらいましょう。また、報告の依頼をする際は必ず提出期限を設け、チームや部下の予定やタスクに登録しておきましょう。必要に応じてリマインダーも設定し、自動化しておきます。

さらに、どんなときに報告や相談する必要があるかを、部下に理解してもらいます。

先ほど触れた、組織が大事にしていることを基にした報告基準もありますが、他にも「問題が発生し、自分一人では対応できないと判断したとき」「責任範囲を超えていると感じたとき」、あるいは「社外の人や他のチームに迷惑をかけた場合」は、速やかに報告してもらいましょう。状況をこれ以上、悪化させないためにです。

また部下が、「○分調べたけどわからない」、あるいは「○分考えたけど解決の目処が立たない」ような場合は、相談に来てもらうようにしましょう。何分にするかは、人それぞれです。状況によっても変わってきます。例えば、試しに5分でやってみて、短いと感じれば10分にしてみるなど、お互いにとって適切だと思う目安を決めましょう。

わからないまま進めてしまい、やり直しになるのは避けたいものです。不必要に時間を浪費するのはもったいないです。事前に対策を講じましょう。

報告や相談されるときに注意したいこと

やってはいけないことは、問題の報告や相談に来てくれた部下を批判したり、責任を負わせたりすることです。「一人でどうにもならないときは頼ってほしい」ことを部下に知ってもらいましょう。悪い状況や問題を共有してもらうことで、**チームとして対応できるため、むしろ「ありがたい」と部下に伝えましょう。**感謝する余裕がなくても、余裕があるように振る舞ってくれる上司であれば、悪い報告がしやすいものです。

相談については、「どうしたらいいですか？」と答えを教えてもらうようなやりとりは、よくありません。**「○○さんは、どう思う？」と聞き返し、まずは部下自身で考え、答えを出してもらう**必要があります。そうしないと、自分で考え、判断する力が育ちません。

例えば、「○○については、私は○○しようと考えています。その理由は○○だからです。何か他に気にすべきことや懸念事項ってありますか？」と自分なりに解決策を考えて、提示できるよう、導く必要があります。

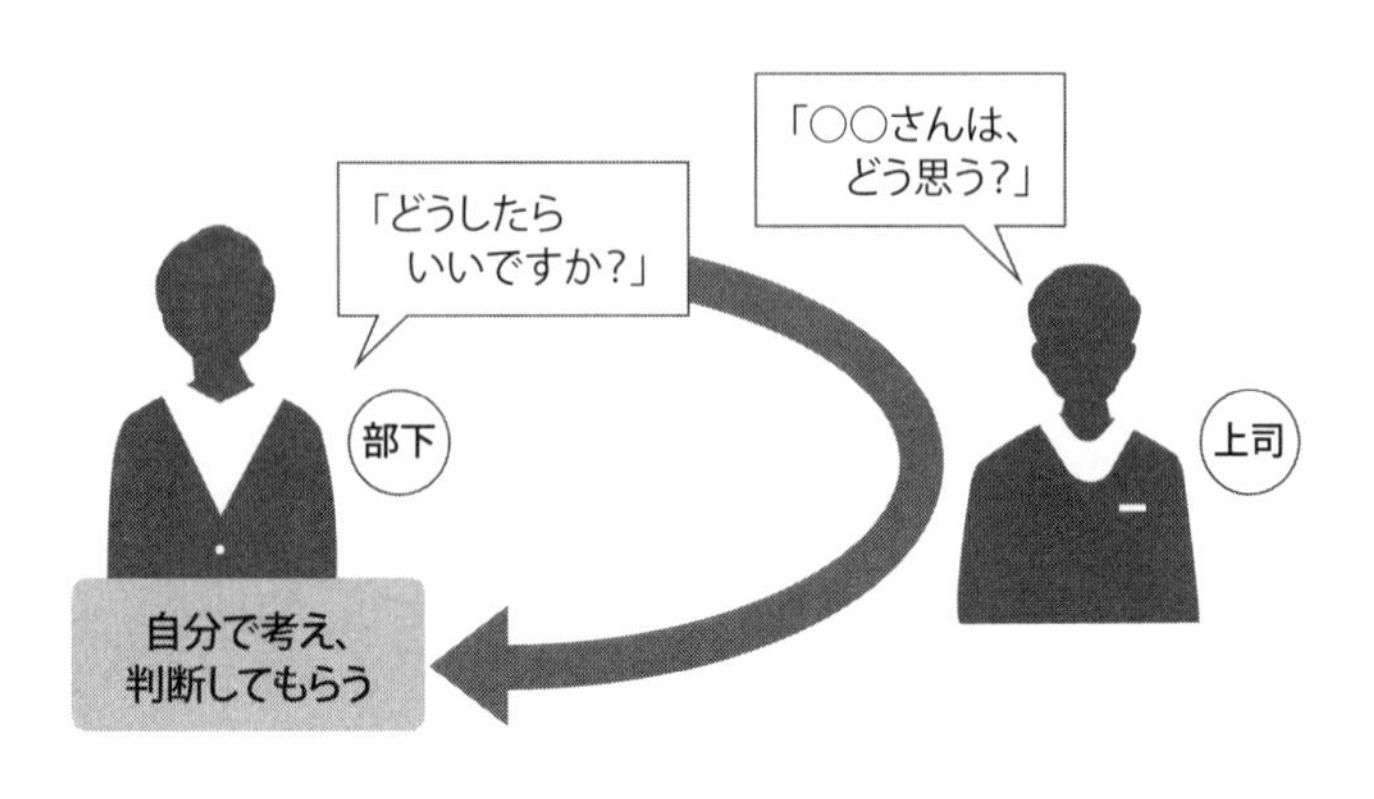

部下自身で考え、答えを出してもらう

基本的なスタンスは、**進捗や状況は確認するけど、すぐに手は出さない**ことです。必要に応じて口は出し、軌道を修正してもらうことはあります。ですが、部下が自分で考え、判断できるよう、ぐっと我慢することは大切です。不安になる気持ちはありますが、見守ることです。部下から助けを求められたとき、はじめて業務レベルで密に関わり、サポートするのです。

できる上司は、部下ができることは部下に任せ、部下ではどうにもならないことを行うのです。部下が成果を出すために、適切に関与、協力することが大切です。

「何をもって大丈夫なのか?」を確認する

私たちは、相手の理解を確かめるため「わかった?」と聞いたり、仕事を任せる際に「大丈夫?」と確認したりします。そして、多くの場合、「わかりました」「大丈夫です」という答えしか返ってきません。ですが、もしあなたが「部下は一人で業務を遂行できる能力がある」という確信がないのであれば、私たちは、この言葉を鵜呑みにしてはいけません。自分が期待するよりも、相手に伝わっていないことはよくあります。また、相手は思っている以上に受動的で、積極的に確認してくることもないでしょう。

そもそも部下は、何をもって「わかりました」「大丈夫」と言っているのでしょうか?「大丈夫は、大丈夫ではない」と考える上司は多いと思います。

部下は、あなたが期待する基準ではなく、部下の経験や知識を基に言っているだけかもしれません。「できない人だと思われたくない」という思いから、あるいは「人間関係を悪くしたくない」という価値観から、そう言ったかもしれません。もしくは、問題があっても、「自分で何とかする」という意識が強く、「大丈夫」と言っているのかもしれません。

私たちは多様な人たちと働いています。スキルだけでなく考え方や価値観が違います。表面的な言葉で判断するのはリスクがあります。私たちは、自分の都合のいいように解釈してはいけません。このリスクを回避するために、**相手が理解したことや大丈夫という根拠や理由、またはその対策を相手に説明してもらいましょう。**口頭説明でなくても、対策としてタスクやチェックリスト、あるいは手順書を作ってもらっても構いません。何かしらのアウトプットをしてもらえるよう徹底することが大事です。

私がインドの会社とのソフトウェア共同開発プロジェクトに従事していた頃の話です。インドと日本のチームは、プログラムを作る上で重視していることが違っていました。当時、日本チームは開発効率の向上、再利用性やメンテナンス性に力を入れていました。一方、インドチームは作り方よりも機能の追加を優先していました。そのような違いのため、プロジェクトを始めたときは、なかなかうまくいきませんでした。何を聞いても、「NO PROBLEM」しか言ってこない状況が続きました。問題があったとしてもです。

そこで私は、勝手にインドチームに対して標語を掲げました。「NO PROBLEM IS

PROBLEM（問題ないことが問題だ）」。それ以来、「NO PROBLEM」を相手に言わせないように徹底しました。私の理不尽なコミュニケーションに怒るメンバーもいましたが、「NO PROBLEM」を言うときは、必ずその理由を言ってもらえるようになりました。以降、より正確に状況を把握できるようになり、円滑に仕事を進められるようになりました。

また、これは、新入社員や若手社員たちに限った話ではありません。例えば、ベテランや中堅社員に重要な案件を任せていたとします。進捗状況を聞いた際に「大丈夫です。○○がやっているはずです」、あるいは「○○がやっていると思います」という返答があれば、そこも注意が必要です。このような返答をしている時点で、その人は進捗を正確に把握していないためです。

「大丈夫」という言葉が出たときは、そのまま流してはいけません。相手に対して絶対的な信頼、あるいは相手からのコミットメントがない限りは。**自分からフォローし、「何をもって大丈夫と言っているのか？」を確認する**ことが重要です。コミュニケーションを積極的に図り、共通認識を持ちましょう。

仕事以外の話をしてみる

部下のプライベートを気遣うのは悪いことではありません。プライベートなことを詮索や干渉するのはよくありませんが、プライベートと仕事を切り離すことは難しいものです。「プライベートだから、どうでもいい」「関知すべきではない」と思い、相手と世間話的にプライベートについて話すこと自体を否定しなくてもいいと思います。

もし「部下の様子がおかしい」「仕事に集中できていない」「最近元気がなさそう」と感じるなら、ちょっとした雑談から始めてもいいかもしれません。人と人との交流なので雑談は大切です。このような気遣いややりとりは、テレワークなど顔を合わせない環境であればあるほど、大切になってきます。

仕事のように**問題や原因を探る必要は全くありません。**部下との関係性にもよりますが、「最近、どう?」と聞くぐらいでいいかもしれません。**気持ちよく働くには、お互いに居心地のいい適度な距離感は大事**です。部下のプライベートを尊重するのは当然のことです。

ただ、もしプライベートで何か問題や負担を抱えている部下から相談を受けた場合は、秘密厳守で相手の話をきちんと聞いてあげることです。相談内容にもよりますが、その範囲でアドバイスをしたり、第三者としての考えや意見を共有してもいいかもしれません。それが難しい場合は、**事情があることをわかったことだけは伝えてあげましょう。**

また、できる範囲で仕事において融通を利かせたり、配慮したり、ちょっとした心遣いは大事です。同じ人間であり、同じチームで働いている仲間なのですから。

第5章 まとめ

- チームが何に取り組んでいて、どういう状況かを把握する
- 自分からフォローし、進捗状況を把握し、サポートする
- 部下が気持ちよく情報共有できる環境や仕組みを作る
- 自分からコミュニケーションをする機会や場を増やす
- 「成果を上げるための情報共有」ができる環境を作る
- 報連相の基本的なやり方やルールを決める
- 「大丈夫」の根拠や理由、対策を確認する
- 雑談をしてみる

チェックしましょう！

- □ 案件の状況や進捗を把握していない（➜ P134）
- □ 「失敗をさせることは大事」だと思っている（➜ P135）
- □ 誰も相談に来ない（➜ P139）
- □ ついコミュニケーションをサボってしまう（➜ P143）
- □ とりあえず何でも報告してもらっている（➜ P146）
- □ 「報連相は部下がするもの」と思っている（➜ P149）
- □ 「大丈夫」と聞くと安心する（➜ P153）
- □ 「仕事以外の話はしてはいけない」と思っている（➜ P156）

※チェックがついたら本章を読み返しましょう

パワーアップ講座

リモートチームで仕事をするコツ

テレワークにおいても、部下と仕事をする上で、上司としての心構えや大切にしていることは変わりません。ですが、直接対面しないコミュニケーションだからこそ、気をつけたいことや意識したことがあります。よくある課題とその対策を簡単にまとめます。

▼誤解が生じやすい

文字でのやりとりが中心になります。相手の表情や声のトーン、ジェスチャーなどの言語以外の情報がわからないため、微妙なところで間違って解釈することがあります。

「たぶん、こうかな?」と思うときは、必ず「こういうことですか?」と自分の言葉にして確認しましょう。必要に応じて相手の意見やアイデアを要約して確認することが大切です。

▼「言い方がキツい」と思われる

「○○してください」「○○した方がいいと思います」というようなアドバイスや依頼の場合は、直接面と向かって対話するときよりも冷たい印象を与えます。それを回避するため、「私」を主語にします。

「〇〇してください」ではなく、「〇〇していただけると嬉しいです」のように言い方を変えます。また、言い切りたくないときや考えているときに、伸ばし棒や3点リーダーをつけたり、スタンプや顔文字などをつけ加えたりするのも手です。ただ、顔文字など特に必要ないという人もいます。相手に合わせて伝え方を変えましょう。

▼やりとりにタイムラグがある

相手の状況がわからないと、「ちょっとした確認」ができないことがあります。すぐに連絡がつく時間帯を共有することも大切ですが、やりとりのルールを決めておくことが重要です。例えば、緊急時には電話、1時間以内にレスが必要であればチャット、それ以外ならメールというようにです。

チーム内でこうした運用ルールの共通認識を持つことが大切です。

すると、返信がすぐに来ないからイライラするようなことは減るでしょう。あと、心構えとして、みんなが「相手の時間をいただく」と思うことが大切です。

▼どこでやりとりしたか探す手間が増える

どのツールをどのように使うかを決めておかないと、探すという作業が増えます。やりとりをした記憶はあるものの、どこでやりとりしたか覚えておらず、メールやチャット内を探すというものです。

そのため、できるだけ「ツールを一本化する」「ツールの数を減らす」、あるいは用途や使用頻度に応じて「どのツールを使う」かを決めておくといいでしょう。例えば、アイデア出しはＷｅｂミーティング、ちょっとした確認はチャット、まとめはメールでするなどです。

▼確認の連絡が増える

メールを送った後に、チャットや電話で「送った」と連絡をするケースです。重要な案件や緊急な対応であれば、このような連絡は必要かもしれません。ですが、何でもかんでも「今メールしたので確認してください」というチャットが増えたら、生産性を落としてしまいます。緊急性に応じて適切なツールを使いましょう。

▼仕事の進捗を余計に報告させる

オフィスにいると、気軽に聞けるという意識があると思います。ですが、第５章「押さえるところは押さえる」の項で触れましたが「自己満足の確認」は、部下の生産性や効率を落とします。本来はできるだけ避けるべき行為です。そのため週次レポートや面談など、決まった方法とタイミングで確認しましょう。

また、チャットにより情報共有の機会を増やせます。これまでは席に行ったり、通りがかったりしたタイミングで共有していたものを、チャットの関連チャネルでこまめにつぶやきます。すると、相手のタイミングで見てもらえ、情報共有が促進されます。移動がなく、各自が思ったときにつぶやけるため、従来以上の情報共有が可能になります。

▼仕事をサボっていないか心配になる

部下が仕事をサボると心配する人はいると思います。どうやって監視するかを考えている方もいるかもしれません。ですが、オフィスにいても、サボる人はサボります。オフィスに来ているからといって、まじめに仕事をしている保証はありません。結局、信頼関係を築くことが大切です。そのためには、仕事の成果を出し続けることです。今まで以上に仕事の目標や成果を具体的にして、それを評価することが重要です。

▼相手の心や体の状態がわからない

直接会って相手の顔色や雰囲気がわかれば、相手の体調も想像できますが、リモートだとここが難しいです。第5章「コミュニケーションは質より量」の項で書きましたが、毎日、自分から部下に話しかけ、会話を交わすことが大切です。

挨拶で「今日のコンディションはどう?」と聞くだけでも違います。さらに毎週、電話やビデオ電話などで軽く話せる機会を増やすと、チャットやメールよりもお互いの状況を知ることができます。

▼音声の品質が悪い

ネットワーク環境などにより、相手の声が聞きにくいことがあります。音声でのやりとりの際は、いつも以上にハキハキと要点のみを話しましょう。

▼情報を共有しにくいときがある

対面であれば、モニターを見せたり、ホワイトボードや裏紙に書いたりして、簡単に見せることができます。一方、Ｗｅｂ会議システムの場合、ツールの使い勝手で共有しにくいときがあります。そのようなときは、他の方法を組み合わせるといいでしょう。

例えば、動的に画面共有せずに「スクリーンショットを撮って送る」、ツールに備わっているホワイトボード機能を使わずに「パワーポイントを使う」、手書きしたものを「カメラで撮って送る」、あるいはビデオをオンにして「ホワイトボードを映してやりとりする」などです。相手に伝わりやすい方法を考えて選択しましょう。

▼ＩＴリテラシーの低さが業務速度を落とす

リモート環境で仕事をすると、画面共有をしたり、チャネルを作ったり社内システムにアクセスしたりします。ツールを使い慣れている人には当然のことでも、ＩＴが苦手な人にとっては簡単ではありません。その結果、情報格差が起き、業務に支障をきたすことがあります。

このようなときは、チーム内でツールの使い方の勉強会を開催します。お互いの得意分野を活かして、助け合うことが大切です。

▼チャットだからできる関係構築もある

部下を褒めるのが苦手な人でも、チャットならアイコンやスタンプで「いいね！」のような表現はしやすくなります。今までよりも、相手のやったことや実績を認め、褒めやすくなります。

相手の達成感や自信にもつながるので、有効に活用しましょう。

▼対面コミュニケーションの場を別途作る

チームが気持ちよく仕事できる関係や環境を作るために、対面する機会を設けることは重要です。例えば、ランチや飲み会、合宿、チームビルディング活動です。

直接会う機会を作ることでお互いをさらに知り、今まで気づかなかった良さや改善点に気づくこともあります。

リモートワークを推進する場合、環境やルールの整備はもちろん大切ですが、チームみんながうまくコミュニケーションしていこうという意識が一番重要です。しっかり意識合わせをして進めましょう。

第6章

自分が話すよりも相手の話に耳を傾ける

【聞く力】

話しかけるなオーラを出さない

部下の相談に乗れない人は、上司としての役割を果たしていません。忙しいからと言って、部下の話を無視する。今やることが多いから「話しかけるな」オーラを出す。このように、**部下に相談させないようにする行為は、上司としての職務を放棄**しています。忙しかったり、機嫌が悪かったりして、話しかけにくい雰囲気を作ってしまえば、部下は相談に来られなくなります。部下とのすれ違いが起き、業務に支障もきたします。**たとえ忙しくても、上司は部下の話を聞こう**とすることが大切です。

どんな上司も仕事は忙しいです。事前に手を打っていても何かしらトラブルは起き、対応に追われます。今までやったことのないプロジェクトや取り組みもします。すると、定例会議を含め、一日に7つ、8つとミーティングばかりの日もあったりします。そういった姿を部下が見れば、「忙しそう」と思ってしまうのは仕方ないと思います。

問題は、部下が話しづらいと感じ、話しかけることを躊躇してしまうことです。

令和上司は**自分のスケジュールを公開します。いつならコミュニケーションしやすいかを共有します。さらに、どんなに忙しくても、時間を調整して部下の相談に乗ります。**トラブルの対応や優先度の高い仕事で、今すぐ話し合うことができなくても、「今日の午後4時からなら大丈夫だよ」のような代替案を出します。

また**何かあれば、いつでも聞いて欲しいというオープンな状況を作ります。その状況を作る姿勢と努力、ときにはポーズであっても「いつでもオープンです」と見せる**ことが大事です。部下が仕事を進めやすい環境を作りましょう。普段から相談できる場を作ることも大切ですが、部下が仕事を進める上で妨げになるものを取り除くことも大事です。

例えば、取引先とのトラブル対応や他の部とのやり取りの際は、上司が関わることで円滑に物事が進むことがあります。話し合う場を設けなくても、事前に「必要があれば私を使ってくれ」と一言、部下に言ってあげると、部下は仕事が進めやすくなります。他のチームとのメールのやりとりでも、ＣＣしてもらうなどの判断を部下に任せれば、他の人との仕事で滞ったり、進捗で困ったりするようなことも多少減るでしょう。

普段から、部下が仕事をしやすい環境を作っていきましょう。

部下が話しやすいお膳立てをする

部下とのミーティング中に、スマホやパソコンを見ながら相手の話を聞いてしまう。気づいたら、腕や足を組んだり、頬杖をついたり、トントン机を叩いたりしていた。みなさんはこのようなことやっていませんか?

もし何気なくやっているなら、今すぐ止めましょう。印象が悪く、横暴な態度に見え、部下が話しにくくなります。部下は「上司は退屈しているのかな」「面倒くさいのかな」「私のことはどうでもいいのかな」「私の話に興味がないのかな」などと思ってしまいます。また、部下は「急かされている」とも感じ、言いたいことを言えなくなります。

部下から相談を受けるとき、部下の話を聞くとき、主役は部下です。

令和上司は常に部下が話しやすい空間を作ります。ゆったりと腰掛け、**表情も余裕がある雰囲気を出します。** しかめっ面や興味がなさそうな態度などしません。アイスブレイクして緊張をほぐし、警戒心を解きます。そして、部下の目を見て話を誠実に聴きます。

相手の話すリズムを壊さないように相槌を打ったり、オウム返しをしたり、落ち着いたトーンで質問したりします。相手に「聞かれている」という安心感を与えます。このように、当たり前と思うことを当たり前に実行しています。

また、話す距離は相手に合わせて取ります。その人との関係性や国や文化、習慣にもよりますが、人によって心地よいと感じる距離（パーソナルスペース）は違います。**座る位置関係も相手の正面に座るのではなく、右前や左前など斜めの位置に座る**といいでしょう。対立関係が緩和して物理的な距離も近くなり、相手にとっては話しやすくなります。

このようにいろいろな方法を駆使して、部下が安心して話せる環境を作っていきましょう。

ただ、自分の意志で実行したり、癖を直したりするのは難しいものです。できる上司はそこをわかっていて、仕掛けをうまく作っています。例えば、小学生の教室に標語が貼ってあったように、注意したいことを自分の目がいく所（例：部屋の壁や机の上、デスクトップ）に貼ったりします。また、注意点を思い出させてくれる備品やアイテムを机の上に置いたり、アクセサリーとしてつけたりしています。見たり触れたりしたら、自分の状況に気づけるよう、自分なりのやり方で対応しています。気づいたら直そうとするだけではなく、自分の意志に頼らずに、自分に合った対策をすることが大切です。

「慌てなくていいよ」の一声が部下の心を開く

会話中に沈黙が続くと、居心地が悪く感じることがあります。「本当に話を聞いているのか？」「わかっているのか？」「きちんと考えているのか？」など不安や不快を覚えます。例えば、部下に質問を投げかけて、考えてもらっているときです。沈黙が続くと、その間に耐えきれず、部下が答える前に自分から話を進めてしまう。

また、部下が話をしている際、「話が長い…」「だから結論は何？」と思ってしまい、話の途中にもかかわらずついつい口を挟んでしまう。そんなことはありませんか？

私たちは人の話を聞いて理解する以前に、相手の話を聞く姿勢になっていないことがあります。話すのが苦手な人、言葉足らずな人、客観的に説明できない人、自分の気持ちをうまく表現できない人など、さまざまな人がいます。人それぞれ話すスタイル、会話のスピードやリズムも違います。

話を聞いている私たちが口を挟み、会話のペースをリードしてはいけないのです。相手の話す流れに任せましょう。

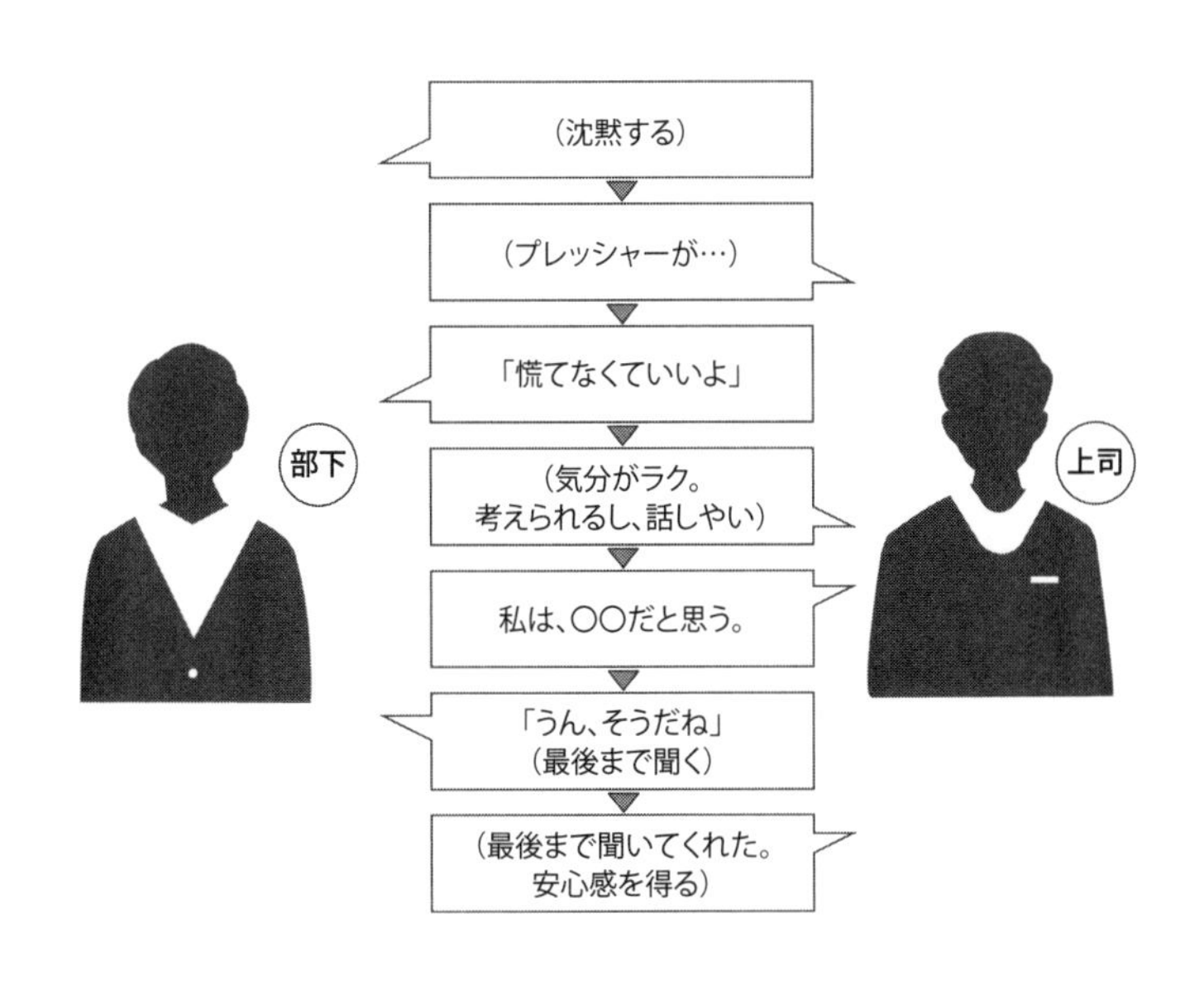

「慌てなくていいよ」の一声が安心を生む

令和のできる上司は、相手から話してくれるのを待ちます。相手が不快にならない程度で沈黙してみましょう。

試しに５秒沈黙してみてください。思った以上に長いと感じるでしょう。このときに、部下が話すことに困っていたり、不安になっていれば**「慌てなくていいよ」と一言声をかけ、相手が話をするのを待ちます。**そうすることで、部下は気分がラクになり、話しをしやすくなります。上司にとっても、ゆとりが生まれ、部下が何を考えていて、何を話そうとしているのかを理解しやすくなります。

また相手のペースを乱さない程度で、「ここは、こういう理解で合っていますか？」と適宜確認しながら、部下の話を促しましょう。相手を尊重する姿勢を示し、話の内容を決めつけず、相手が何を話そうとしているのかを理解するように努めましょう。

そして、**部下には最後まで話をしてもらう**ことが大切です。部下は否定されず、自分の話を最後まで聞いてくれたという安心感を得られます。人は「話を聞いてくれる人」に話します。相談事でも、自分の言葉で話すことで頭の中が整理でき、解決策を自分で見つけることもあります。もし、部下の話を途中で止めてしまえば、部下はそれ以上話そうとは思わないし、今後相談にも来ないでしょう。

沈黙は会話の一部です。沈黙があるから、お互いに頭の中を整理し、考えることができます。自分が沈黙することで、相手は話せる機会を得ます。また、私たちは相手の話を聞くことに集中できます。つまり、沈黙から聞くことが始まるのです。部下が沈黙によるプレッシャーを感じないような一言声をかけたり、環境を作ったりしながら沈黙して、部下の話に耳を傾けましょう。

「そういう考え方もあるね」で怒りをコントロールする

私たちは、部下の話を聞いていて、自分とは考え方が違うと感じたときに拒否反応を示します。部下から反論されれば、感情的に反発しがちです。イラっとして早とちりや勘違い、間違った判断をしてしまった、という経験は誰にでもあると思います。「感情的に反応してはいけない」と思っていても、怒りは自然な感情のためつい出てしまいます。

ともすると、本気度を伝えるため意図的に声を荒らげる人がいるかもしれません。ですが、感情的に部下に接してはいけません。想像以上に部下との関係は悪くなります。

まず怒ったり、叱ったり感情的な反応をしてしまうと、上司の言葉が指示や指導的なものではなくなってしまいます。

上司と部下はそれぞれ役割や立場、責任が違います。上司はチームの目標達成の責任を負っており、部下に指示する権限を持っています。また、部下は上司の指示に納得していなくても業務を遂行する責任があり、実行する立場にあります。ですが、**上司が感情的になってしまうと、部下も感情的になります。**組織という枠を超えて、上司を一人の人間として見てしまいます。すると、**組織における上司と部下の関係ではなくなっていく**のです。

上司が何を言っても、それがきちんとした指示や指導だとしても、部下は上司の個人的な意見として捉えてしまいます。すると部下に「納得できない」「嫌だ」「同意できない」という考えや感情が芽生えます。仕事の役割や立場、責任に関係なく、個人的にやりたくないと思い、実行を渋り、チームとして円滑に仕事が進められなくなります。

また、怒るような反応でなくても、相手の話をきちんと聞かずに反射的に「そんなこともわからないの？」と突っぱねたり、否定したりするような態度や対応もよくありません。部下のやる気を削ぎます。そして、部下が自分から意見や考えを言わなくなり、自発的に行動しなくなります。上司の言うことを聞くだけの集まりになっていき、チームのパフォーマンスは格段に落ちていきます。

さらに、部下が優秀であればあるほど、このような頭ごなしに否定する上司はダメな上司だと判断します。きちんと人の話を聞けず、アドバイスや指導ができない無能な上司だと思ってしまいます。そうなると、部下は表面的な関係性は悪くならないよう、適当な距離を置きます。上司に合わせ、うまく立ち回りますが、転職や人事異動の機会をうかがう

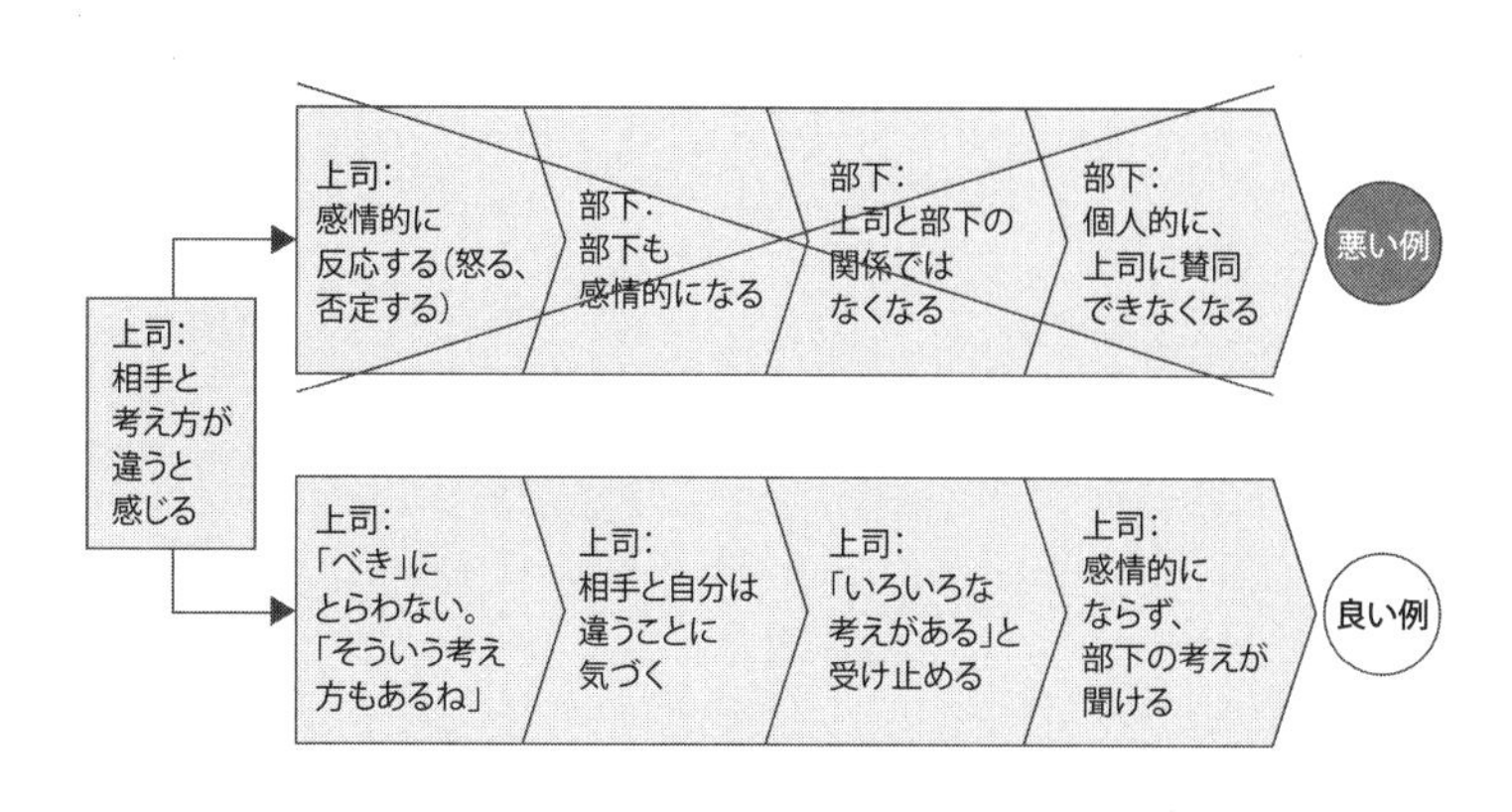

「そういう考え方もあるね」の流れ

ようになります。要するに、**上司の感情的な対応が、部下が辞めていく原因を作る**のです。

令和上司は感情的に部下に接しません。**相手と考えが違うと感じたとき、まずは「なるほど」「そういう考え方もあるね」といった柔らかい受け止め方をします。**「こうあるべきだ」「これしかない」と決めつけず、相手と自分は違うことを認識し、多様性を受け入れます。

自分がイライラした状態で話を聞くと、冷静に聞けずネガティブに受け止めてしまうのを知っています。**どこに賛成しようかと考えながら聞くぐらいの気持ち**でもいいかもしれません。結局、感情的に反応することを自分で選んでいるのです。そのため、まずは感情的に反応

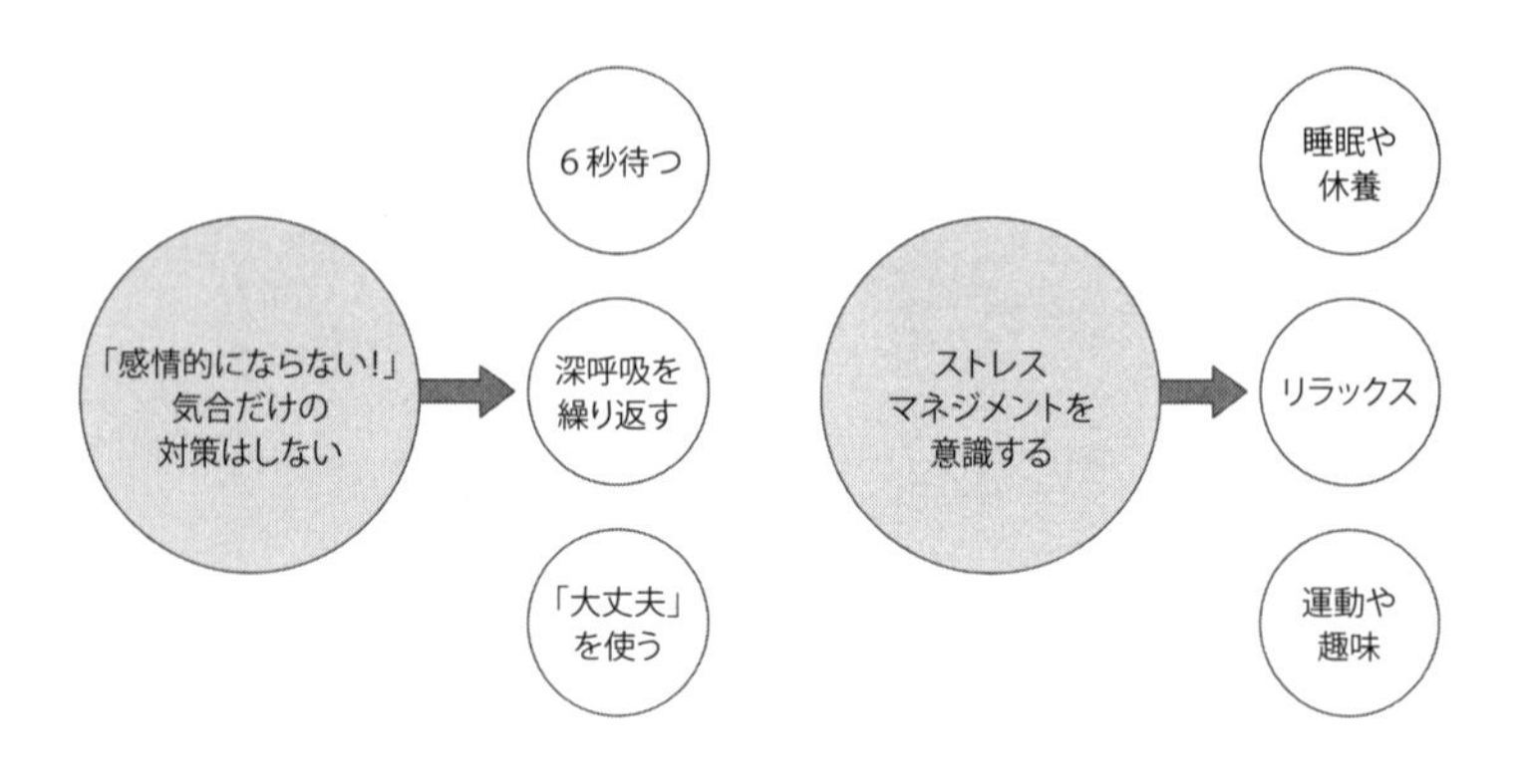

アンガーマネジメントとストレスマネジメントの行動例

しないと決めることが大切です。

「感情的にならないようにする!」という意志の力だけに頼りません。「怒り」とうまく付き合えるよう、アンガーマネジメントのテクニックを取り入れている人もいます。例えば、6秒待つ、深呼吸を繰り返す、「大丈夫」などの落ち着かせる短いフレーズを使うなどです。

また、普段からストレスマネジメントを意識しています。睡眠や休養、リラックスする時間をしっかりとり、休みます。運動や趣味などをしてリフレッシュします。出張中でもホテルのジムに行ったり、泳いだり、ジョギングしたりします。令和時代のできる上司は、心と体を整えられるよう、当たり前のことを当たり前のようにやっています。自分に合った対策をしていきましょう。

「部下の行動の責任は自分にある」と考えてみる

「怒る」は、腹を立て自分の感情を相手にぶつける、「叱る」は、相手を思って指導する。このような違いについて頭ではわかっていても、つい感情的になってしまうことはあります。なぜイライラしてしまうのでしょうか？　それは「期待を裏切られた」と感じるからです。あなたが部下に望む「あってほしい姿」「あるべき姿」と現状がかけ離れているためです。

しかし、これは上司目線の考え方です。部下の立場に立って考えるとどうでしょうか？「伝え方が悪かった」「指示が曖昧だった」「手本を見せるべきだった」「教え方がいけなかった」など違う見方はないでしょうか？

部下のことを何だかんだ言う前に、まず自分のことを省みましょう。

結局、「部下の行動の責任は上司にある」のです。「どうすれば部下が、自分が期待するような行動ができるようになるのか」を考えましょう。

このとき、相手の性格や特徴などを踏まえることも大切ですが、「人に依存しない」仕組みやシステムを作ることも大事です。作業やプロセスを標準化して、書類フォーマットを決めたり、テンプレートを作ったりしましょう。みんなが仕事をしやすい環境を作っていきましょう。


私たちは、ついつい自己中心的になってしまいます。他人との関わりを面倒に感じ、距離を置き、関心を持たなくなりがちです。しかし、せっかく、**同じタイミングで、同じチームとして一緒に仕事をしている縁なのです。諦めないでください。**

相手としっかり向き合い、相手の話を聞き、今より良くなるために、何ができるか考えてみましょう。問題意識を持ち、この本を手に取ったあなたならきっとできます。

「どういう人なんだろう」と思って相手の話を聞いてみる

あなたは相手が話をしている途中なのに、わかったつもりになって、勝手にその後の話を理解したつもりになっていませんか？

　思い込みや先入観を持って話を聞いてしまうと、相手の話をきちんと聞けなくなります。自分と考えが違えば、「イラッ」とします。相手の話を自分に起きたことや知っていることに合わせようと話をねじ曲げます。多くの人が無意識に自分の経験や知識を基に話を聞き、理解しようとします。相手の話をよく聞かずに、自分は同じ経験をしているからわかると勘違いや誤解をする人もいます。意外に厄介な問題です。


　上司がこのように勝手に解釈してわかったつもりのタイプだと、部下が相談に来ても、相手のことや状況をきちんと理解せずに、間違ったアドバイスや指導をすることがあります。問題が解決されることはなく、また部下は本来話したかったことを、話せずに終わってしまうこともあります。こうなると、部下はダメな上司と話しても意味がないと判断し、相談に来ることもなくなります。

　海外でビジネスをしたり、外国の人と一緒に仕事をしたことがある人ならば、コミュニケーションで困ったという経験は誰にでもあるでしょう。背景や文化、習慣や考え方が全く違うため、日本にいる感覚や基準で話を聞くと理解できない、あるいは会話が噛み合わないことはあると思います。日本の国内の会社に勤めていても、世代が違うことでコミュニケーションは難しいと感じる人はいると思います。

先入観を持ったり、決めつけたりしながら聞くのは失敗の元です。**私たちは思っている以上に、自分基準で話を聞いてしまいます。**ありのままに話を聞くことは難しいものです。思い込みをしないためにも「それってどういうこと?」という感じで、素直にいろいろと聞いてみることは大切です。

また、話す側の立場で考えたとき、素直に思っていることを言葉にできない人はいます。例えば、上司を目の前にすると萎縮したり、緊張したりする部下はいます。なかなか言いたいことをうまく伝えられない、素直に気持ちを表現できない人もいます。そのため、ときには上司は言葉を額面通りには受け取らず、その裏に隠された感情や気持ちを読み解こうとすることも大切です。

自分の思い込みや先入観にとらわれず、きちんと相手の話を聞くことができるよう、まずは**相手の存在を受け入れる**ことから始めましょう。例えば、「この人はどういう人だろう」「感情や気持ちを表現する人だろうか」など、**相手に関心を持ち、相手を理解したいと思**

う姿勢が大事です。そして、少しずつ自分の思い込みというフィルターを外し、**相手の関心にも興味を持ち、話をありのまま受け入れる**ように心がけていきましょう。

事実を積み上げていく

私たちは何かしら提案をされ、それに納得できないとき、多くの場合は客観的な情報が足りないと感じています。相手は「自分の経験では…」と理由をつけ「業界的にはこうなんです」と客観性を持たせようとしますが、「それは、あなたの個人的な意見や思い込み」と思ってしまうからではないでしょうか。相手の言っていることを疑う・信じるという話ではありませんが、合理的に判断するために客観的な事実を把握することは大切です。

そのため、まずは**論理的に話を整理し、事実と意見を分けて考える**ことから始めましょう。相手の発言内容には事実と意見が混ざります。「○○だろう」「○○に違いない」と決めつけず、相手の話や言い分を冷静に聞いて、客観的な事実を把握していきましょう。相手の立場や状況、背景を正確に知ることが大切です。**人ではなく行動や環境に注目します。**

例えば、部下が報告している途中で「それってどういうことですか?」「もっと具体的に教えてもらえますか?」と掘り下げて、事実を探っていくことは大切です。次ページの図のような点を確認し、客観的に全体像を把握しましょう。

事実について直接的な質問をして確認するだけではなく、相手の解答がハッキリしない場合、聞き方を変えていくことも大切です。例えば、考えられる答えを提示し、「○○ということかな?」と相手の言いたいことを確認するといいでしょう。

また、選択肢を与え、相手に答えてもらい、事実を確認していきましょう。

要するに、**答えを引き出すだけではなく、一緒に見つけ出す**進め方が大事です。そして、部下にも事実と意見の違いを認識してもらいましょう。

さらに、原因を突き止める際は、相手のレベルにもよりますが、「なぜ起こったのか?」と直接聞くよりも「何がそうさせたのか?」と質問する方がいいでしょう。「なぜ?」は相手を責める聞き方になったり、相手を思考停止させたりする可能性があるからです。

相手の意見や主張については、相手の立場や価値観を基に発言しているものです。その

・なぜ	：目的や理由
・何を	：内容
・誰が	：対象者（誰なのか）
・誰に・誰と	：対象者（誰に、誰と）
・いつ	：締切
・どこで	：場所
・どのように	：方法や手順
・いくら	：金額
・どれだけ	：数量

全体像を把握する

ため、個人的な感情に左右されないよう、自分の考え方と具体的にどの部分が共通で、どの部分に相違があるのかを客観的に確認しながら聞くといいでしょう。

相手に「どのように考えたのか？」と聞くだけではなく、**「どういう背景があって、そう考えたのか？」の部分を聞き出す**ことも大事です。すると、相手の視点に立ち、どのように考えて、どう決めたのかを理解しやすくなります。

要するに、相手の意思決定の基準や理由がわかってきます。このように相手基準で考えられるようになると、より冷静かつ客観的に相手の話を聞けるようになれます。

最後に、状況が刻々と変わる現代においては、**ゼロベースで考える**ことが重要です。

今まで培ってきた経験や知識、考え方を否定したり、自分が常識と思っていたことを疑ったりすることは難しいことです。ですが、既存の考え方にとらわれていると、新しいやり方や考え方を受け入れることが難しく、老害上司になってしまいます。

そうならないためにも、部下の話をしっかり聞いて事実を積み上げ、現状を把握していくことが重要です。「知っている」と話を遮ったり、「聞いたことがある」とわかったつもりになってはいけません。素直に「もっと教えて欲しい」「なるほど、そうだね」「参考にさせてもらう」というフィードバックをすることが大切です。

すると、部下はあなたが知らなかった情報をさらに持ってきてくれます。私たち上司にとって、ここで得られる価値は、目先の問題解決や目標達成よりも大きいでしょう。

「ただ聞いてほしい」という相談もある

部下や後輩から相談されると、私たちは得意になってアドバイスしがちです。自分の意見を言うために相手の話を聞いたり、相手の話をすぐにまとめたりすることがあります。

例えば、「要するに〜ということ？」と結論づけたり、話をまとめようとします。このとき、私たちは「相手の話をきちんと聞いていない」と考えるべきです。**まとめようとしている時点で、相手視点ではなく、自分の基準で話を決めつけようとしている**からです。ひょっとしたら、あなたは話を早く終わらせようとしているとか、不誠実な態度だと思われているかもしれません。

人によっては、相手の話を聞くことよりも、自分の承認欲求を満たそうとします。例えば、アドバイスをしているという優越感に浸るあまりに、自慢話ばかりする人がそうです。自分がすごいと認められたいとか、自分を大きく見せたいなど心の中の欲求を満たそうとしているのです。上司としては、部下の話を聞かない、やってはいけない行為です。

はじめから「アドバイスが欲しい」と言われていないのであれば、特に何も意見せずに、話を聞くだけに専念してもいいかもしれません。私たちは相手の悩みを根本的に理解し、解決していこうというよりも、今の自分の状況、不安や心配を解消しようとして、アドバイスしてしまうことがあります。例えば、重い空気をどうにかしたい、自分が安心したい、スッキリしたいという理由で口を開くというものです。

また、部下の話の途中でアドバイスするということは、話の一部だけを切り取って、自分なりに勝手に解釈しているということです。きちんと話を理解していないため、相手のことを十分に配慮していない的外れのアドバイスになり得ます。そして気づけば、相手の話を聞くよりも、自分の方が話しているという状態になります。

そもそもアドバイスには、現状や相手を否定する部分が含まれます。アドバイスによって相手を傷つけることがあります。相手も自分を守ろうと意識が働き、素直に聞けない、あるいは抵抗してしまうことがあります。そのため、本人がアドバイスを求め、さらに受け入れる準備ができていないと、マイナスに働くことがあります。

部下との会話に、あなたの**アドバイスという結論は必ずしも必要ではない**のです。それは、相手が自分で出すものです。

私たちは、自分の状況や気持ちを、相手にわかってもらいたいと思うことがあります。具体的な解決やアドバイスがなくても、相手にきちんと話を聞いてもらえるとモヤモヤがなくなり、気持ちがスッキリします。前向きに捉え、一歩前に歩み出したり、次の仕事へ切り替えたりすることができます。自分の中で素直に自分の気持ちと向き合えたと感じることもあります。

よく言われることですが、人は相談するとき、自分の中ですでに結論が出ていることがあります。相手のレベルや理解度によりますが、**聴くことに専念して、背中を押す**くらいがちょうどいいようです。

気を配ることは、相手が安心して話をできるような場を提供し、話を最後まで聞くことです。特に価値観や考え方が違う、多様性のある職場では、相手の話に集中し、自分目線から離れ、相手の立場で考えることが大切です。相手の話をきちんと理解するためにです。

また、**部下の考え方や価値観に関心を持つ**ことも大切です。相手を理解できるようになるだけではなく、柔軟な考えもできるようなり、自分自身の成長にもつながるでしょう。

質問攻めしない

部下や後輩が頼ってくれると、私たちは積極的に相談に乗ろうとします。親身になって相手の話を聞こうとします。話の内容を理解しようとして熱が入り、どんどん質問してしまいます。ただ、これが行き過ぎると、相手の話を聞いて共感を示すというよりも、自分が知りたいことばかりを聞く状態になります。相手への敬意を欠き、相手の悩みを引き出すよりも、「私が解決しなければ」と独りよがりに映ってしまうかもしれません。そうなると、相談に来た人も納得している感じはなく、微妙な空気になってしまいます。

また、部下が報告しているとき、話の途中で気になることが増えてきて、「そういえば、あの件、どうなったの?」「じゃあ、あれは?」と矢継ぎ早に質問を重ねてしまう。さらに相手が話をしている途中に「なんで?」「その根拠は?」などと話を遮り、尋問口調で質問攻めしてしまう。ひょっとしたら、相手の気分を害すような一言を言ってしまったり、部下が十分に話せない状況を作ってしまったりするような経験は、誰にでもあるのではないでしょうか。

こうなると、部下によっては追い詰められるような質問をされ、責められ、厳しく問いただされていると感じます。怒られた、叱られたと思ってしまうかもしれません。

相手の悩みを引き出すため、状況を理解するため、積極的に質問をすることは悪いことではありません。ただし、相手の話すペースを乱すような矢継ぎ早な質問や、問い詰める質問はよくありません。空気が重くなり、話しやすい雰囲気ではなくなります。

そのためには相手を尊重し、関心を持って聞いて共感を示すことが大切です。**相手のペースに合わせ**ながら、途中「どうなったの？」「どう思ったの？」と尋ねましょう。相手の立場になって、相手の見方や考え方を得ようと思いながら聞いてください。**「こういう考え方もあるんだね」というスタンスで聞く**と、相手の話を中心に聞けるようになります。また、「もし自分が相手の状況だったらどうなるのか？」という視点で考えるのもよいです。相手の苦しさを自分のことのように感じなければ、と思う必要はありません。

相手の状況や立場、感じたことや考え方などを理解し、共感することは大切です。会話の８割は部下の話を聞くようにすると、上司は耳を傾けてくれると、部下は感じるようになるでしょう。

第6章　まとめ

- 忙しくても時間を調整して部下の相談に乗る
- 部下が安心して話せるお膳立てをする
- 沈黙して、質問して、部下の話を最後まで聞く
- 感情的にならないような考え方やテクニックを取り入れる
- 部下のことを何だかんだ言う前に自分のことを省みる
- 思い込みを捨て、相手の関心にも興味を持つ
- 事実と意見を分けて聞き、話を正確に理解する
- アドバイスが必要ない相談もある
- 相手の話すペースを乱すような質問攻めをしない

チェックしましょう！

- □ 忙しいときは「話しかけるなオーラ」を出している（➜ P166）
- □ スマホやパソコンを見ながら話を聞いている（➜ P168）
- □ 「結論は？」とよく言ってしまう（➜ P170）
- □ 感情的な反応をついしてしまう（➜ P173）
- □ 部下との関わりを面倒だと感じている（➜ P177）
- □ 同じ経験をしているから部下の話はわかっているつもり（➜ P178）
- □ 相手の話を「○○だろう」とよく予測している（➜ P181）
- □ 相談されたときは、毎回きちんとアドバイスしている（➜ P184）
- □ 相手が話をしている途中に「なんで？」と聞いている（➜ P187）

※チェックがついたら本章を読み返しましょう

第7章

前向きになる率直なフィードバックをする

【観察する力】

フィードバックは相手の成長のためにする

思っていることを相手にバシッと伝えるのは難しいものです。私たちは「嫌われるのではないか」「嫌な雰囲気になるのではないか」「辞められるのではないか」という不安や恐れがあると、フィードバックすることを躊躇します。新入社員や年上部下、中途入社や外国人の部下など、多様性のある職場においては特に難しいでしょう。

ですが、令和上司は部下をしっかり観察し、効果的なフィードバックを行います。

ここで言うフィードバックとは、**相手の成長のため、また状況を良くするための率直な意見であり、助言や指摘**です。目標達成のため、成果を出すために、①部下の行動や取り組みなどの現状や結果を伝え、②振り返ってもらい、③今後、どう改善していくかをガイドします。部下に望ましい行動を促す動機づけでもあります。

いいフィードバックは観察から始まります。フィードバックは抽象的になってはいけません。鏡のように、そのままの**事実を伝える**ことが大切です。例えば、どの行動に問題があったのかを指摘します。また、できていることも具体的に伝えます。これにより、自分自身で気づく、メタ認知ができるようになります。まずは**主観を入れず、行動や取り組みの観察に徹して、具体的な行動や結果などの情報を集めましょう。**

上司になると「部下を叱らなければいけない」と考える人もいますが、部下を叱っても、部下が主体的に動くことはありません。怒られたくないから嫌々行動しているだけです。

自分たちが積極的に行動しているときを思い出してみてください。例えば、周りの人から認められたとき、他の人の役に立っていると感じたとき、成果が出始めたとき、あるいは目標に近づいているといった達成感や成長を実感しているときなどではないでしょうか。このようなとき、嬉しい、楽しいというようなポジティブな感情を抱き、モチベーションも高く、自発的に行動していると思います。

部下目線で考えると、叱られるよりも、フィードバックの方が前向きに捉えられ、行動に移しやすいのです。厳しい指摘だとしても、自分の成長につながる、あるいは今よりも良くなるという期待感を持てれば受け入れやすいものです。また自分のやったことが認められ、いい方向に向かっていると感じることができれば、やりがいも芽生えるでしょう。

フィードバックは相手の成長のためであり、目標を達成するためのサポートです。**「あなたは間違っている」ということを認めさせるものではありません。一緒に課題を見つけ、改善策を考える**スタンスです。俯瞰的な視点を提供して、現状を知ってもらい、本人の気づきを促し、改善しながら目標達成に向かっていきましょう。

フィードバックで見える化する

私たちは自分のことを過大評価しがちです。自分自身による評価と、他人からの評価では結果が違うでしょう。例えば、スポーツやプレゼンテーション中の自分の姿をビデオで記録して、見てみると、自分が期待しているのとは違う自分が映っています。見るのが恥ずかしくなりますが、第三者の客観的な視点で見ると、自分が思っていることと他人が見ている事実は違うことがわかります。自分では気づいていないことが見えてきます。

フィードバックでは、第三者として相手の行動や態度、取り組みなどを観察して、その事実や受けた印象をそのまま伝えることが大事です。できていること、できていないことを伝え、また本人が当たり前のようにやっていることや、やるべきことをやっていないことなども明らかにしていきます。例えば、会議で必要になるかもしれない資料や情報を、指示がなくても準備したなどです。

また、本人は正しいと思ってやっていたやり方が間違っていたということもあります。**本人の経験や感覚に頼るのではなく、客観的な事実を基に、直すべきところを直していけるようガイド**していくことが大切です。まずは、あなたの目に映った事柄を、主観や感情を入れずに部下に伝えましょう。相手も事実なので、聞き入れやすいものです。

部下がミスをした場合、ハッキリと注意しなければなりません。人間なので誰でもミスはしますが、それをスルーしてはいけません。例えば、誤字脱字のようなミスは直すだけの話です。ですが、ミスをしたという事実は認識すべきです。ひょっとしたら本人はミスをしたことにさえ気づいていないかもしれません。1回や2回のミスなら目をつぶることもできますが、仮に3回以上起きるならば、原因と対策を考える必要があります。

「ミスが多い」と注意したところで、相手には響かないですし、相手も納得しないでしょう。上司の個人的な意見や考えとして捉えるかもしれません。そのため、**感覚で意見を言**

うのではなく、実際のミスの箇所やミスの回数など、事実を示すことが重要です。**数字で現実を伝える**ことで、説得力が増します。相手もその事実を認めざるを得ないでしょう。

具体的にミスを指摘した後は、今後再発しないようにするには、どうすべきかをアドバイスしたり、相手に考えてもらったり、一緒に対策を考えたりすることが大切です。要するに、フィードバックを通じて、状況を改善していくのです。部下はミスを減らし、よりいいパフォーマンスをするでしょう。

まずは、現状がどうなっているかを相手に具体的に伝えましょう。事実を認識してもらい、実際の状況を理解してもらいましょう。そして、部下自身がよい方向へ修正していこうという気になれるよう、サポートしていきましょう。

できたところは認め、できなかったところは対策を練る

部下と仕事をしていると、「ちょっと強く言い過ぎたかな」と反省することは誰にでもあるでしょう。感情任せに叱りたくなることがあるかもしれません。ですが、「ダメだな」

のような表現をして、人格否定はしてはいけません。

仕事に厳しくなるのは悪いことではありません。むしろ、成果を出すために必要です。ただ、行動の一部のダメなところを、その人のすべてがダメと否定するような発想や表現になってはいけません。部下の立場で考えた場合、人格を否定されるような言い方をされれば傷つき、不快に感じるでしょう。やる気もなくなります。これは本末転倒です。

できる上司は、**「ヒト」ではなく「コト」に注目**します。フィードバックの狙いは、相手を変えることではなく、**相手の行動に焦点を当て、その改善を促す**ことです。そこを間違ってはいけません。要するに全体最適ではなく、部分最適を意識するのです。

そのためには、具体的に何をフィードバックするかを整理しなければなりません。リーダーシップ教育で有名なＣＣＬ（Center for Creative Leadership）のＳＢＩ（Situation, Behavior, Impact）というフィードバック技法をベースに考えるとわかりやすいです。

良いことも悪いことも含め、「〇〇のときの、〇〇の行動によって、〇〇になった」という事実をフィードバックします。気づいたそのときに、対象の行動について、具体的かつシンプルに伝えることが大切です。

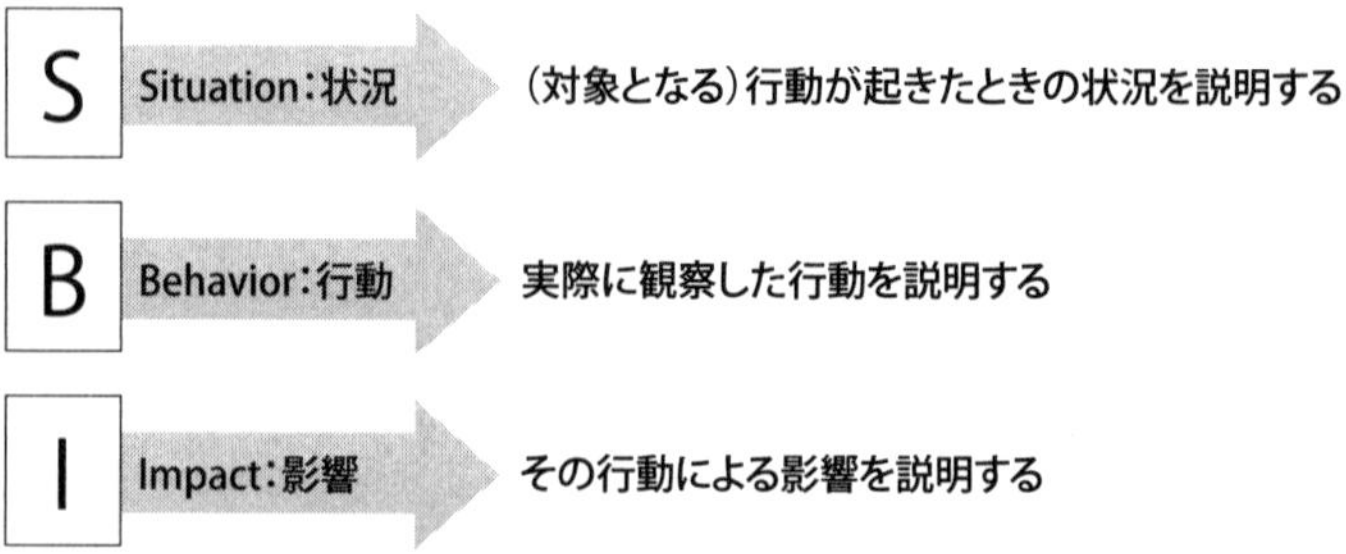

S　Situation：状況　（対象となる）行動が起きたときの状況を説明する

B　Behavior：行動　実際に観察した行動を説明する

I　Impact：影響　その行動による影響を説明する

SBI（Situation, Behavior, Impact）

例えば、次のようにです。

例１：先月の売上、客先訪問数がその前の月に比べ10件増え、売上が1割増えた。いいね。

例２：今朝のミーティングで議論が脱線したとき、話を本筋に戻すため仕切ってくれたよね。あれ以降話し合いがスムーズに進んだ。ありがとう。

例３：今月の営業ノルマの件、テレアポの件数が今朝の時点で予定より20件少なく、２００万円足りていない。このギャップをどう埋めるか一緒に考えよう。

悪いことに対するフィードバックは、例3のように、できなかった行動を示して、現状とゴールのギャップを明らかにすることが大切です。課題を明確にして、どう解決できるのか必要なアドバイスをしたり、部下に考えてもらったりしながら具体的な行動計画を立てていきます。上司のあなたもサポートしていくことを伝えることが大切です。

また指摘している際に、「あのときもそうだった」のような過去を蒸し返す人もいますが、原則として、**目の前のことに対してのみフィードバック**をしましょう。

例外としては、過去に全く同じ指摘をしたときです。このときは、まず以前同じフィードバックを与えた事実を認識してもらいましょう。そして「なぜ同じことを繰り返すのか？」「どのようなときに起きてしまうのか？」「何がそうさせているのか？」「繰り返し起きそうになったら、どう予防するか？」を一緒に突き止めて対策を練りましょう。

フィードバック後は、きちんとフォローすることが大切です。必要に応じて、再度フィードバックをして、着実に改善を進めていけるようサポートしましょう。

ポジティブなフィードバックを心がける

「部下を褒めましょう」と言われると、違和感を覚える人は少なくないでしょう。

「なかなか褒めるところが見つからない」と言う人もいれば、「恥ずかしい」「照れくさい」

と思う人もいるでしょう。ですが、私たちは褒められて悪い気はしないものです。

ほとんどの人は褒められたり、ねぎらいの言葉やポジティブな言葉をもらったりすれば嬉しく、やる気も出てくるでしょう。このような言葉はチームの雰囲気をも明るくします。

部下の行動や取り組みの良い点は認め、それを本人に伝えることは大切です。ねぎらいの言葉や感謝も伝えましょう。より積極的に行動してくれるはずです。

ただし、「最近、頑張っているね」とか「積極性が出てきたね」とか抽象的な表現はしてはいけません。何が良く、何を続け、何を改善すればいいのかの参考になりません。しかも、もし部下が全く反対のことを考えていて悩んでいたら、「は？」「どこが？」「全然わかっていない」と思い、上司への信頼が一気になくなります。

事実に基づかないうわべだけのフィードバックはしてはいけません。SBI（状況、行動、影響）を踏まえ、部下に対してポジティブなフィードバックを具体的に返すことが大切です。

また、**自分のチーム以外の人たちの前で部下を評価する機会があれば、褒め称えましょ**

う。部下に対する周りの見方や評価は変わります。部下に実力があっても、役職や地位が低いと、評価が歪められることがあります。しかし、あなたが部下の実績を認め、周りに伝えることで、ある種のハロー効果（権威づけ）が起きます。

部下にとっては、他の人との仕事がしやすくなるでしょう。そのため、本人に直接褒めるのが恥ずかしくても、行動や結果はしっかりと認め、外では部下を褒めちぎりましょう。そのようなことが部下の耳に入れば、部下も嬉しいものです。積極的にポジティブな言葉をかけましょう。

人前で責めるのは百害あって一利なし

人前で部下のことを褒めることはおすすめですが、部下を人前で叱ってはいけません。**正当な理由があったとしても、人前では部下の失敗を責めてはいけません。**

百害あって一利なしです。これをやると、叱られた相手は「恥をかかされた」と感じ、自尊心が傷つけられます、人前で叱責されたことで、あなたを恨むでしょう。人間関係が悪くなり、場合によっては辞めてしまいます。

もしあなたが、その場にいる他の人たちにも気をつけてほしいから、あえてみんなの前で注意したのであれば、その考え方は捨てましょう。時代遅れです。他の誰かが叱られているのを見たら、多くの人は心の中で「自分には関係ない」と思っています。効果は思うほどありません。むしろ、叱られた本人だけではなく、その場にいる人たちも嫌な気持ちになります。あなたがチームの雰囲気や関係性を悪くさせる原因になります。

ただ、どうしてもチーム全員に注意する必要があるときがあります。その場合は、例外としてその部下を引き合いに出して、全員を叱りましょう。その部下は見せしめになってしまうので、その部下には全く叱らず、他の全員を叱るぐらいの感覚でいいでしょう。

また、相手があなたの話を聞きやすい環境や状況であるかどうかを意識し、直接伝えることが大切です。「注意したい」「指摘したい」と思うときほど、**「相手に納得してもらえるように教える」**という意識が重要になります。失敗やミスを叱るだけでは、相手はやる気を失います。

成長に必要なチャレンジ精神や、行動しようとする思い切りさを奪います。逆に考えれば、部下が成長できる絶好のチャンスなのです。

①フィードバックの準備
・フィードバックする動機や理由を整理する
・その目的や効果を明確にする
・話し合う場や方法を決める
②事実を確認する
・事実(問題、現状、原因)の確認に集中する
③フィードバックする
・具体的な解決策や改善行動を示します
・その行動による効果やメリットを、相手に納得してもらう
④フォローする
・改まったら、その改善を認めたり、褒めたりする

相手が納得しやすいフィードバックの主な流れ

そのため、この伝えることは優先度が高いのです。深刻なトラブル対応やお客様と電話中でもなければ、**あなたも部下も今やっている仕事を止めて、今すぐ話し合う場を持つ**のです。ここを妥協すると、伝えるタイミングを失い、部下の成長の機会も失います。

この機会を活かすためにも、図にある相手が納得しやすいフィードバックの流れを意識し、事前準備をしてから、部下に話しかけるといいでしょう。

このように、部下があなたが期待するところに、最短でたどり着くための実行可能な方法を示しましょう。行動することで得られる効果やメリットをしっかり伝え、**相手が行動したくなるように導いていきましょう。**

受け入れてもらえるよう、伝えることを諦めない

部下にアドバイスや指摘をしていると、「伝えたかったこと」と「伝わったこと」に齟齬が生じることがあります。特に部下が思う自分（できている、あるいは得意だと思っていること）を否定するようなフィードバックは伝わりにくいものです。たとえ事実に言及したとしても、部下は感情的に反応したり、話を最後まで聞こうとしなかったりします。

部下によっては、「嫌がらせ？」「上司のストレス発散？」などネガティブに受け止める人もいるでしょう。他人の意見はなかなか素直に受け入れられないものです。

心の準備ができていないと、心の中で抵抗や葛藤もあります。「他人の意見をあまり聞きたくない」という本音が、壁を作っているのかもしれません。理由は人それぞれですが、「否定されたくない」「変えたくない」「信じていない」「私たちは違い過ぎる」など、いろいろな要因があるでしょう。

相手の覚悟や柔軟性にもよりますが、基本的には、**いきなり結論を出そうとか、相手を変えようと思ってはいけません。**一つずつ相手の行動や結果などの事実を示し、現状を正

しく認識してもらうところから始めましょう。できていないところだけではなく、できているところも確認するのです。そのため、フィードバックのやりとりには時間がかかります。予定の倍ぐらい時間がかかることもあります。

まずは、「今日は、○○（部下の行動）について改善するため、時間をかけて話し合おう。この後の予定も空けてあるから」というように、あなたの覚悟を見せると、あなたの本気度も伝わるでしょう。そして、お互いの役割や立場、考え方も違うことを前提にして、事実を基に話し合っていきます。

フィードバックをするときは、曖昧な表現をしてはいけません。伝えにくいと感じているのであれば、「立場上、言わなければいけないので…」「ちょっと厳しく聞こえるかもしれないけども…」などと前置きして、言うべきことを言いましょう。

相手が聞きたくないフィードバックをすれば、感情的に反応する人もいます。その場合は「なぜ、ムキになっているのか？」と部下の言い分を聞きます。状況や原因を確認しながら、「どうすればいいか？」と部下の考えやアイデアを聞き出すといいでしょう。

また、フィードバックは**いい悪いを判断するものではなく、あくまで現時点での事実を**

確認する意図だと部下に理解してもらうことも大切です。人格否定ではないのですから。

他人の意見を素直に受け入れるのは、誰にとっても難しいものです。でも、チームとして成果を出し、目標を達成するために対話を続けることは重要です。**コミュニケーションは覚悟です。妥協してはいけません。**部下の成長に向けて、フィードバックを続けましょう。

「私」が「私の言葉」で伝える

仕事は「あなた」と「私」の関係の連続です。お互いに何をしてほしいのか、何を必要としているのかを伝え、要求し合います。チーム間での上司と部下のコミュニケーションも同様です。自分たちの言葉で仕事の依頼や指示、指導をします。ところが、会社の方針や指示だからという理由のみで、自分の考えや意見を語らない上司がいます。

「嫌われたくないから」と恐れたり、罪悪感を感じたりするからという理由でそうしているのかもしれません。単純に、何も考えていなかったり、責任感がなかったり、自信がなかったりするからかもしれません。実際に、上からの指示のメールを転送するだけの〝使えない上司〟も世の中にいます。存在価値のない上司です。

確かに、自分が納得できない方針や部下にとって厳しいことを伝えるときなど、「正直、ちょっと嫌だな」と思うことはあります。気持ちはわかりますが、自分の考えや思いを一言も伝えずに、指示したり、注意したりするのはよくありません。部下から見れば、無責任だと映ります。「なぜ、その仕事を行わなければならないか」をわかりやすく説明するのは、上司の仕事です。令和上司は自分の言葉で語ります。

部下が聞きたいのはあなたの言葉です。仕事の役割上、納得できるかどうかは関係なく、実行しなければいけないことはあります。例えば、「私もすべて納得しているわけではない。でも、社の方針だからやらざるを得ない。ここは期限内にやろう」と伝えてもいいと思います。大事なことは、**自分の言葉に置き換え、自分の責任で部下に伝える**ことです。

また、**自分の思いを伝えるときは、「私」を主語にして伝えましょう。**主語が「あなた」になってしまうと、相手を責める話し方になり、否定的に伝わります。相手は感情的に受け取ってしまい、反論されることがあります。例えば、「なぜ、（あなたは）遅刻したの」ではなく「私は、あなたが遅れてきて悲しいです」、「なんで、（あなたは）わからないの」ではなく「私は、あなたにわかってもらえなくて残念です」と伝えます。このように、**「私**

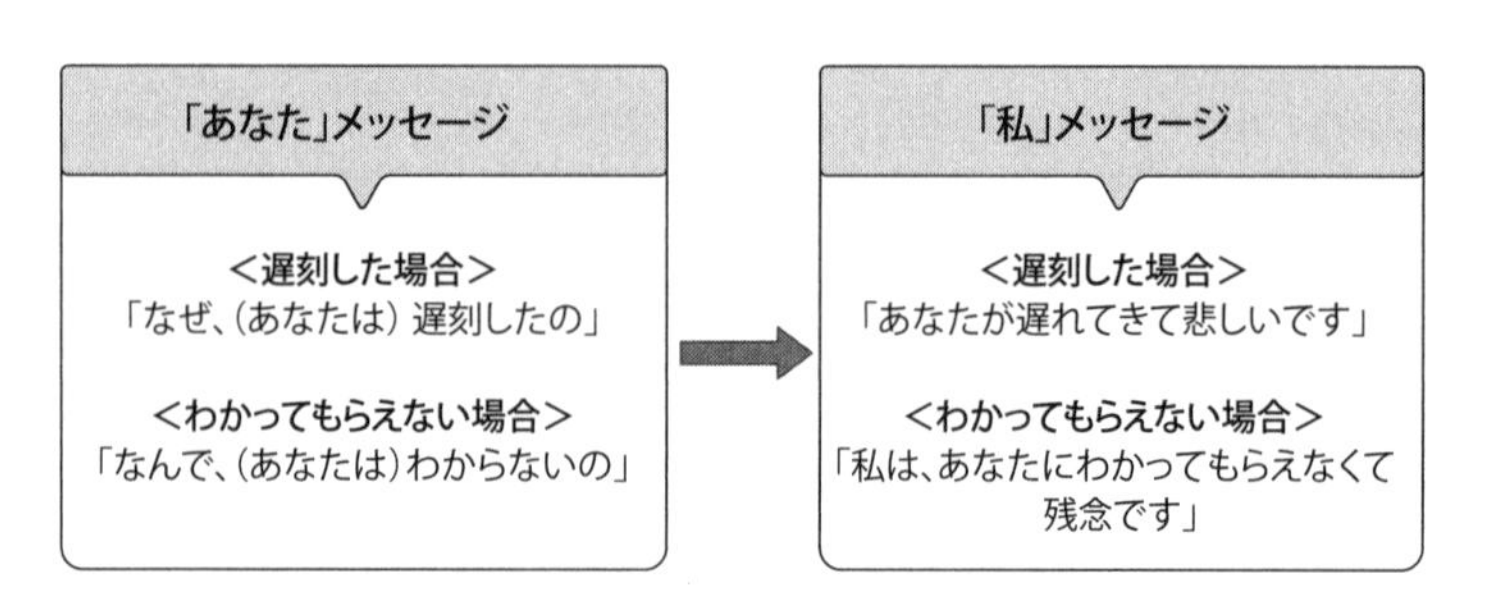

「私」を主語にして伝える

は、○○（相手の行動や起こったこと）について、○○（どう感じた、思った）」というカタチで相手に伝えるといいでしょう。

主語が「私」のため、自分の感情や気持ちを共有しているだけです。相手としても自分自身が否定されているわけではないので、あなたの言葉や感情を受け入れやすいでしょう。

また、ありがとうや感謝の言葉も、「私」を主語にして自分の言葉で語ることで、相手にスーッと伝わるものです。普段から、「私」を主語にして気持ちを伝えましょう。

難しいと感じるならば、自分の思いや感情を相手に伝えられるよう、「言葉にする力」「説明する力」を磨きましょう。上司として責任を持って伝えることは大切です。

現状に満足せず、言うべきことは言う

　上司になれば、言うべきことを言わないといけないときが増えます。覚悟を持って、反対意見を言わなければならない場合もあります。上司としての役割や責任を果たすためには、仕事の依頼を何でもかんでも受けたり、部下の仕事をほったらかしにしたりするような進め方をしてはいけません。

　利害や立場、役割が違えば、必ず対立や口論は起きます。その対立を嫌がり、自分の意見を言わないのは、仕事をするプロとして失格です。自分の役割を放棄しています。

　例えば、上司が「波風を立てたくない」「嫌われたくない」「うるさい人と思われたくない」など個人的な思いで部下にフィードバックしていなければ、それも同様です。目標達成できないだけではなく、部下自身も思うように成長できず、みんなが不幸になります。

　令和上司は**現状維持の姿勢を許しません。常に改善することを求めます。**高い目標を達成するため、成果を上げるため、やるべきことをやります。部下の成長を本気に考え、言うべきことは言います。「なぜ、あのとき指摘しなかったのか？」「なぜもっと早くフィー

ドバックしなかったのか?」と後悔することはありません。なぜなら、「鉄は熱いうちに打て」の考えで、思ったときにすぐに実行するからです。

どんなに言いにくいことであったとしても、曖昧な言い方をしてはいけません。事実を基に端的に伝えましょう。中途半端に回りくどい言い方をすれば、かえって反感を買うことがあります。そして、常にみんながわかる「数字」に基づいて客観的に対話することです。相手も理解しやすく、どう改善できるか合理的な判断ができるでしょう。

相手を配慮しながら、プロとして言うべきことは言いましょう。これは上司の仕事の責任の一つです。変化の激しい現代において、**「今のままでいいか」はありえません。**貪欲に改善をしていきましょう。

トラブル発生時は責め立てず、一緒に対策する

「うまくいかなかったから、なるべく自分の失敗に触れず、事を終わらせたい」と考えてしまうことは誰にでもあるでしょう。しかし、上司がこのように考えてしまうと、部下に失敗や責任を押し付けることにもなります。部下からの信頼を損うことにもなり、この

考えは捨てましょう。

たとえ、あなたに落ち度がないと思っても、部下に指示やフィードバックを与えたり、提案を承諾したりしています。管理者として、部下たちのやったことや成功や失敗も含め、すべては上司の責任のうちに入ります。

部下がミスをすれば、その責任の一部は部下本人にありますが、上司であるあなたにも監督不行き届きとして責任はあるということです。この事実を認識する必要があります。

部下に責任転嫁をして、傷口に塩を塗るような行為はしてはいけません。**責め立てる暇があるならば、一緒に対策を模索し、早く解決する**ことです。また、**再発防止も一緒に考えましょう。**「どのような状況だと同じことが起きそう？」「再発しそうになったら、どう対策する？」と部下に質問しながら、具体的な再発防止策の行動計画を立てましょう。

そして、**部下がこの失敗を振り返り、教訓や学びを得て、今後に活かせるように問題の原因となる行動や事実をしっかり認識し、それに対するフィードバックを行いましょう。**これも、上司としての責任を果たす一つです。

第7章 まとめ

- フィードバックは相手の成長のため、状況を良くするためにする
- 事実や受けた印象をそのまま伝える
- 「ヒト」ではなく「コト」に注目し、改善を促す
- ポジティブなフィードバックを具体的に返す
- 正当な理由があったとしても、人前では責めてはいけない
- 受け入れてもらえるように伝え続ける
- 「私」を主語にして「自分の言葉」で伝える
- 現状に満足せず、改善を求め、言うべきことは言う
- トラブル発生時はまず一緒に対策する

チェックしましょう！

- □「部下を叱らなければいけない」と思っている（➜ P192）
- □ ミスを注意しても部下は気にしていない（➜ P194）
- □「ダメだな」と部下によく言っている（➜ P196）
- □ 褒めるのが苦手（➜ P199）
- □ 他の人にも気をつけてほしいので、人前で注意している（➜ P201）
- □ 部下に遠慮して、思うようになかなか言えない（➜ P204）
- □ 上からの指示はそのまま伝えている（➜ P206）
- □ つい「今のままでいいか」と妥協してしまう（➜ P209）
- □ 部下がミスや失敗をすると、つい責めてしまう（➜ P210）

※チェックがついたら本章を読み返しましょう

第8章

相手の能力を引き出せるように質問し、コーチングする

【導く力】

相手が力を発揮できるように質問する

部下がミスや失敗をしたとき、トラブルや問題を抱えて相談に来たとき、あなたは感情に任せて怒ったり、叱ったりしていませんか？

失敗やトラブルなどは、部下と上司が共に学び、成長できる絶好の機会です。対策は上司のあなたが考えて、指示するのではなく、部下に考えてもらうよう促し、一緒に取り組みましょう。また、その問題が解決された後も、部下をしっかりフォローしましょう。

こういった生きた経験から学ばないのはもったいないです。

もし、部下に業務を遂行できる必要最低限な知識やスキルがなければ、すでに述べてきた通り、指示やアドバイスを中心に進めていく必要があります。ですが、ある程度の経験を持っていて、仕事を任せられる部下に対してはコーチングが有効です。ここでいうコーチングとは、**目標達成や課題解決に向けて行動を促すことを目的にした問いかけです。**

第2章で述べた通り、「知っている」「できる」「やっている」の間には、かなり差があります。知識があっても、頭でわかっていても、なかなか行動に移せない人は多くいます。

つまり、**今までやってきた行動や考え方のパターンを変える必要があるのです。そのため、相手に問いかけて、普段とは違った考え方や視点を持ってもらう**のです。そして、**いつもなら気づかないことを理解し、行動に移してもらう**のです。

自分が理解したいからではなく、相手が自分で気づき、理解してもらうために質問するのです。そのため、相手が理解するまで問い続けること、そしてその質問に対する答えをしっかり聴いてあげることが大切です。主役は相手です。あなたではありません。そうすることで、部下自身がすでに持っていたけど使い切れていなかった知識や情報を、状況に応じて適宜活用しながら目標や課題解決に向かっていけるのです。

うまくいかないときこそコーチングのチャンス

ミスやトラブルが起きたときに、「なぜそうなったのか？」「なぜそう判断したのか？」「なぜ事前に対応できなかったのか？」といった詰問はよくありません。トラブルの規模や状況にもよりますが、これでは、原因追求という名の下で、相手を責めているだけです。多くの場合、上司は何が起きているのか状況をわかっておらず不安のため、このような言葉を発しているると思います。無意識に上下関係を意識して言っているのかもしれません。トラブルやミスの対応を迅速に行うために、まずは「何が起こっている」を把握できるよう導くことが大切です。

例えば、社内システムで不具合があれば、「何が起きたのか?」「どんな状況か?」「具体的に、どんな現象が起きているのか?」「いつから起きているのか?」「どこで起きているのか?」などを質問して、問題を把握します。原因追求はこの時点ではしません。

さらに「最悪のケースではどういう影響が出るのか?」「どうすれば、最悪のケースを回避できるのか?」「何をする必要があるのか?」「対応方法を一つと決めず、他に違う切り口で何かないだろうか?」「その対策で新たな問題は起きないだろうか?」といった感じで質問することで、最悪の事態の想定、対策案の検討、新たなリスクなど、問題を多角的に把握ができるようになります。

このような思考プロセスを持っていなかった部下も、**質問されることで今までのやり方や考え方のパターンを変え、より適切に問題にアプローチできる**ようになります。

そのためにも、**相手のペースに合わせ、できるだけ論理的に問いながら掘り下げていく**ことが大切です。詰問にならないよう「なぜ？」「どうして？」はできるだけ避け、「何？」を中心に質問していきましょう。相手にしっかり考えてもらえるよう、場や時間を提供することも大事です。

さらに、ミスや失敗のときは、その発生頻度にもよりますが、「どうしたの？　珍しい」「○○さんらしくない」のような一言を言ってあげるのもおすすめです。相手は反省しながらも真摯に向き合い、対応をしてくれるでしょう。状況の深刻度や部下との関係性にもよりますが、「やっちゃったね～」と最初に余裕を見せる上司もいます。ただし、仕事には厳しく、最後まできちんと対応してもらうよう導いていいます。

一刻も早くトラブルを収束しなければならない状況でなければ、報告書を出してもらうのも一つの手段です。ただし、部下が形式的に反省するためとか、あなたの納得のためになってはいけません。あくまで部下が振り返り、そこから学び、教訓を得るためのものです。起きたことを分析し、どう対応して、今度どうすべきか具体的に考え、計画し、実行していけるまでをセットで考えることが重要です。

トラブルや失敗は必ず起きるものです。起きるものに対して、毎回感情的に反応するのは疲れますし、誰でもできます。むしろ、「自分の学習能力は大丈夫か?」と自問ぐらいしてもいいかもしれません。大事なことは、部下に精神的ダメージを与えることではなく、部下が起きていることや起きたことをしっかり理解し、対策していけること、さらにその経験から学べ、成長できるように導くことです。

あなたの質問が相手の目標達成を支援する

みなさんは部下の目標達成や課題解決、パフォーマンス改善を促すとき、どのように会話を組み立てていますか? 専門知識を必要とせず、世界的に使われている会話のフレームワークの一つに「GROW」モデルというものがあります。

「GROW」とは、次の単語の頭文字を取ったものです。

G=Goal(目標)

R=Reality(現実)

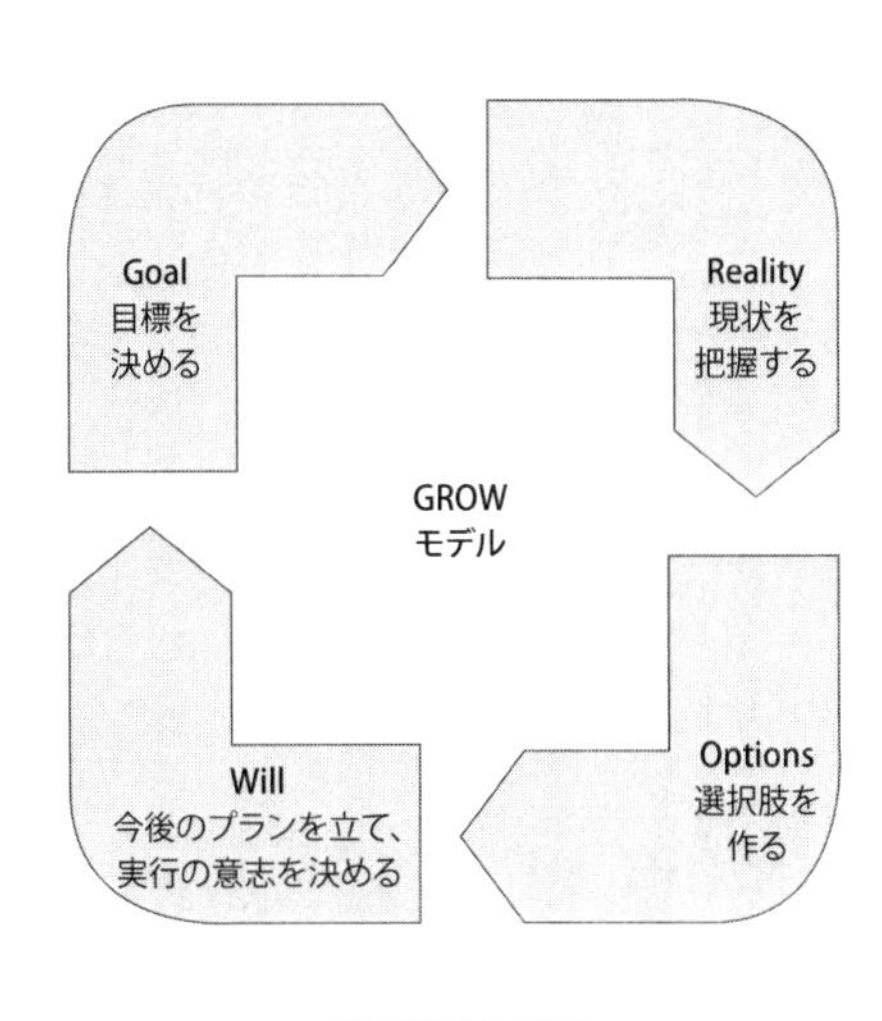

GROWモデル

O＝Options（選択肢）
W＝Will (or Way Forward)（意志／今後の進め方）

このGROWモデルは次の４つのプロセスで構成されています。

① 目標を決める

まず、何を話し合うかテーマを決め、次に目的やゴール、何を望むか、期待する効果やどうなっていてほしいのかなどを確認していきます。

② 現状を把握する

今、どのような状態なのかを明確にします。診断や評価、振り返りを試み、現状の問題や原因を具体的に掘り下げていきます。

③ 選択肢を作る

思いつく限りの対策案を出します。一緒に考え、否定せず、相手からアイデアを引き出し、その中からベストを選びます。

④ 今後のプランを立て、実行の意志を決める

次の行動や手順、期限など、具体的な行動計画を立て、コミットしてもらいます。実行する上での障害や必要なサポートも確認します。

このGROWモデルを使い、部下に問いかけていくことで、現状と目標（望んでいる状態）とのギャップ（課題）を認識し、そこのギャップを埋められるよう行動を促すことができます。大事なポイントは、**自分の意見や指示をするのではなく、相手に質問し、なるべく多くのアイデアを引き出す**ことです。**違った方向や視点から問いかけ、相手の考え方や発想の転換ができるといい**でしょう。相手が課題と対策を具体的に把握しているかを確認、すぐに実行できるようサポートしていきましょう。フォローアップするのも大切です。

1. 目線を決める

例）
- 何について話し合いたいですか？
- この話し合いで期待していることは何ですか？
- どうなればいいと思いますか？
- ○○の件、どうしたいですか？
- ○○の件、どうなってほしくないですか？

2. 現状を把握する

例）
- 現状はどうなっていますか？
- いつから起きて、どれくらいの頻度ですか？
- どういう影響がありますか？
- すでに何か対策をしましたか？
- どうやって結果を確認しますか？
- 根本的な問題や原因は何ですか？
- 他に関係していそうな要因ってありますか？
- 必要なリソースを確保できそうですか？
- 協力してくれる人はいますか？

3. 選択肢を作る

例）
- これまでに似たような状況で、うまくいった方法はありますか？
- 他にどんな方法が考えられますか？
- 予算とか現実的なことを無視して、他に思いつくものはありますか？
- それぞれのアイデアのメリット・デメリットを評価してみるとどうでしょうか？
- どの方法が一番適切だと思いますか？

4. 今後のプランを立て、実行の意思を決める

例）
- 何から手をつけていきますか？
- いつまでにやりますか？
- 今の時点で思いつく妨げや面倒そうなことはありますか？
- どんなサポートが必要ですか？

GROW モデルの展開

相手から話を聞き出す質問の基本を押さえる

部下に「自分から進んで行動」をしてもらうために、効果的な質問を作ることは重要です。的確に質問をすることで、部下は自分の頭で考え、自分なりに答えようとします。
それでは普段、みなさんはどんなことを意識して、部下に質問をしていますか？

効果的な質問を作り出すためには、質問する狙いや目的を設定することが重要です。例えば、物事を具体的にする、目標を明確にする、問題や課題を特定する、視点を変える、ひらめきを促す、今あるキャパシティやリソースを把握するなどです。そして、相手や話す内容などを踏まえ、どう質問していくかを事前に考えることで、より生産性の高い話し合いができるでしょう。

例えば、特に何も意識せずに、部下に「あのプロジェクト、大丈夫？」と聞けば、「はい、大丈夫です」という会話で終わってしまうかもしれません。しかし、「あのプロジェクト、どう？　どこが厄介？」と聞くと、プロジェクトを振り返り、どこが難しいのかを考え、より詳しく状況を教えてくれるでしょう。

質問する狙いや目的を設定する

例）
・物事を具体的にする
・目標を明確にする
・問題や課題を特定する
・視点を変える
・ひらめきを促す
・今あるキャパシティやリソースを把握する

効果的な質問を作り出す

「はい／いいえ」で答えさせるクローズドクエスチョンは、事実や相手の意志などを明確にできます。自分がわかっている分野や想像できる範囲での内容確認や情報収集、具体化には向いています。

ただし、どちらかを選ばせる問いかけになってしまうため、詰問しているようになりがちです。そのため、相手からより多くの情報を引き出すためには、「はい／いいえ」で答えることができない５Ｗ１Ｈを用いたオープンクエスチョンを用いると有効です。相手に自由に話してもらい、さまざまな情報を聞き出せます。

相手の意見を聞き出すことに関して言え

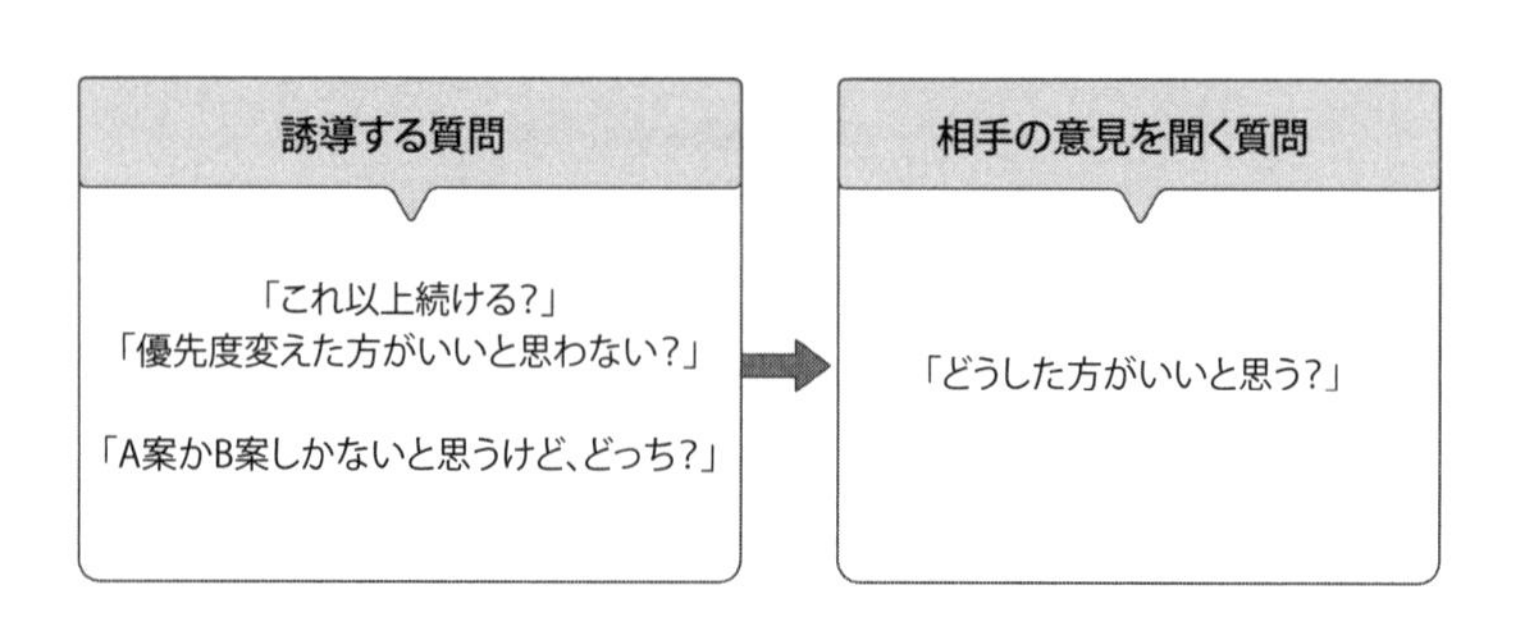

誘導する質問はしない

ば、グローバルで活躍するリーダーはさらに踏み込みます。自分の意見に対して、「反対意見は何か考えられる?」と積極的に反論を部下に求めます。その内容が的を突いていれば、すぐに自分の意見を取り下げ、方針を変えます。

部下の立場から考えれば、自分の意見が採用されるので嬉しく、貢献した気分になるはずです。また上司にもメンツはありますが、その過程を部下全員に隠すことなく見せられる器量に、周りは感心したり魅了されたりします。このように結論に至るまでの過程すべてを見せることは大事です。これは、なかなかできることではないですが、ぜひ取り入れたいものです。

また勝手に解釈して、話をまとめ、「A案かB案しかないと思うけど、どっち?」と聞いたり、「やる?

やらない？」のように選択させるような進め方をしてはいけません。このような進め方だと、相手が自分で考えて決めるのではなく、強制的に選ばされていることになります。相手が選択するのであれば、３つ以上の選択肢を用意するといいでしょう。

他に注意したいことは、**自分の中で用意した答えになるように誘導する質問はしないこと**です。相手から事実を聞き出すのではなく、自分の思い込みや考えに話を合わせるような聞き方をしてはいけません。例えば、「これ以上続ける？」「優先度変えた方がいいと思わない？」という質問は、「やめた方がいい」「優先度を変えた方がいい」という自分の意見を相手に答えさせようとしているだけです。「どうした方がいいと思う？」と問うことで相手に考えてもらい、相手の意見を聞き出すことができるでしょう。

「なぜ？」は使い方次第で最高の問いになる

多くの人がオープンクエスチョンは大事だとわかっていても、やってしまうミスがあります。それは、トラブルやミスがあったときに、最初から「なぜ？」「どうして？」と聞いてしまうことです。相手は責められている、怒られていると感じるため、あまり効果的な質問ではありません。

しかし、**「なぜ？」の問いは使わない方がいいというわけではありません。**特に多様性のある職場においては、相手の意思決定の基準や行動理由を把握するために、「なぜ」で質問することはとても重要です。

「どのように対応したのか」「何を対応したのか？」と質問すれば、相手の行動や姿勢などの事実を確認することはできます。しかし、「なぜそうしたのか？」「なぜそういう判断をしたのか？」という価値観や判断基準などの部分が見えません。ここの部分の共通認識がないと、みんながバラバラな行動をしてしまいます。

多様なメンバーと仕事をすると、さまざまな考え方や価値観があります。違った考え方を受け入れることは大事なことですが、**チームとして意思決定をする際には、共通の価値観や判断基準を持つことはチームで成果を出す上で重要です。**「なぜ？」を使って問うことで、相手がどのように考えて決めたのかを理解できるようになってきます。

例えば、インドネシアのジャカルタで一日セミナーを企画したときの話です。現地のチームメンバーからイベントの開始時間を遅めにしたいと提案がありました。そこで、「〝なぜ〟

開始時間を午前9時からではなく、10時半からにする方がいいのですか？」と聞くと、「8時から10時の時間帯は渋滞が激しいため、ほとんどの参加者は9時には来れないから」と答えてくれました。「開始時間が遅い方が申込者が増えると思う」と意見を言ってくれたりもしました。現地のニーズに合わせ調整することで、１００人近くの方に参加していただき、無事に終了しました。

海外の人と仕事をすれば、日本人の仕事の進め方について質問されることもあります。例えば、「なぜ日本人は結論を先に言わないのか」「なぜ日本人は議論して、その場で結論を出さないのか？」などです。多様なメンバーと仕事をすれば、価値観や判断基準は違います。相手の意思決定の基準や行動理由がわかってくると、それに合わせた対応ができます。自分の判断基準に照らして、他人を間違って評価することも避けられます。

また、**部下と一緒に他のことに対して「なぜ？」と考えるのも有効**です。例えば「なぜ、私たちはあのときに、○○の選択をしたのだろう？」「なぜ、別の選択肢をしなかったのだろう？」のように原因を掘り下げたり、分析したり、視点を広げたりするときに「なぜ？」は有効です。「なぜ？」「どうして？」をうまく使っていきましょう。

「3つの何?」で振り返り、改善プランを立てる

自分の行動を振り返り、学んだことを次に活かすことは成長する上で重要です。**「3つの何(What Happened、So What、Now What)」**で振り返ることで効果的に改善項目を特定し、対策が練られます。実行に移しやすい、振り返りのフレームワーク**「YWT(Y:やったこと、W:わかったこと、T:次にやること)」**あるいは**「KPT(Keep:続けたいこと、Problem:問題だと思うこと、Try:試したいこと)」**と、「3つの何」を組み合わせながら、部下と振り返りを行うことでより高い効果が期待できます。

STEP1　何が起こったのか?(What Happned)

どのような状況で、何をやったのか(YWTのY)を確認します。またどんな問題や影響が出ているのか、事実を把握します。次のような質問をして整理していくことで、課題や問題について、部下と共通認識がしっかり持てるようになります。

○状況を把握するために「何が」「いつ」「どこで」「どうやって」起きたのか
○行動を確認するために「誰が」「いつ」「どこで」「何を」したのか

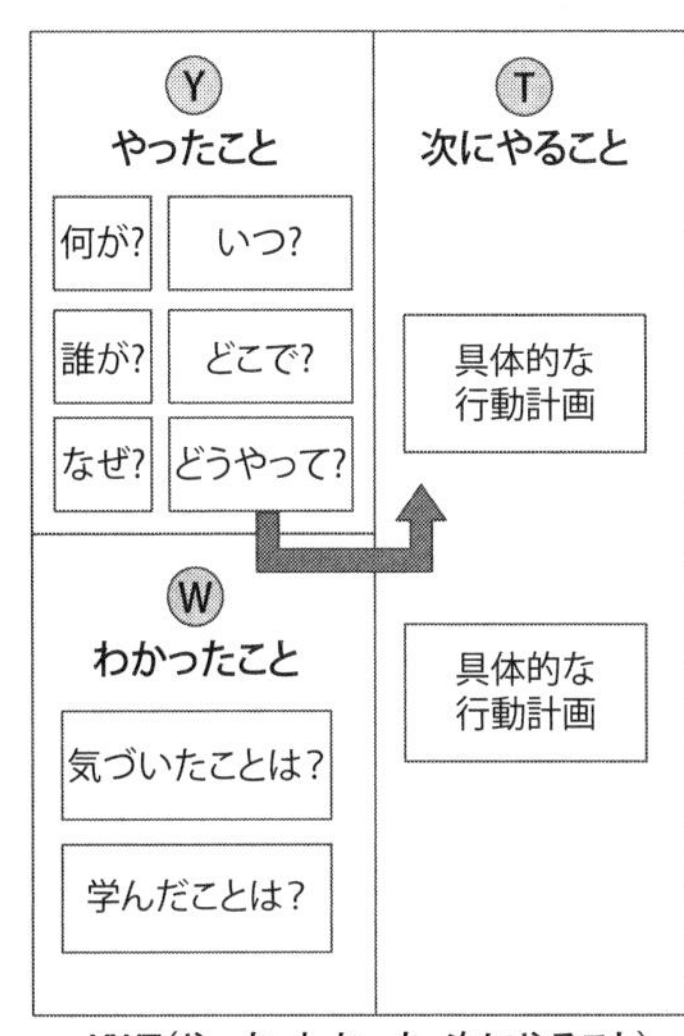

YWT と KPT

○原因や影響を確認するために
「なぜ」起きたのか／したのか、
「どんな」影響があるか

STEP２　だから何？
どういうこと？（So What?）

起こったこと、やったことなどを踏まえて、その中でうまくいったことは何か（Keep）、うまくいかなかったことは何か（Problem）を確認していきます。そのために、何が本当の問題なのか、根本的な原因なのかを質問しながら明らかにしていきます。

相手に応じて「今、わかっている

ことから言えることは何だろう？」「これ以外に何が考えられるだろう？」と質問したり、「〇〇ということはないだろうか？」とヒントを与えたりして、根本的な問題や原因を考えてもらうといいでしょう。**自分で考え、それを言葉にしてもらうことで、部下の理解はさらに深まります。部下が自力で答えられるまで待ちましょう。**

STEP3　これからどうする？（Now What?）

これまでにわかったこと（YWTのW）を踏まえ、どう課題を解決するのか、どの問題をどう対応するのか、どれは続けた方がいいのかなどを部下と一緒に考えます。そして、次にやること（YWTのT）、また試してみたい／やってみたいこと（Try）を、部下に決めてもらいましょう。上司が「〇〇した方がいい」「〇〇しなさい」などと押しつけるのではなく、**部下自身が「〇〇しよう」と当事者意識を持って決めてもらう**ことが重要です。

具体的な行動や手順、期限を決めましょう。また必要なサポートなども明確にし、上司と部下でそのプランを合意しましょう。その後は、定期的にここで決めたことをフォローし、着実に進めていくことが大切です。

最初から具体的に質問してみる

チームとして仕事をする上で「伝え方」と同じくらい大切なのが「聞き方」ではないでしょうか。私たちは、普段から状況を把握したり、相手の考えを理解したり、わからないことを確認しようとして、毎日、相当数の質問をしています。口頭で質問したり、メールやチャットで聞いたり、手段もさまざまです。しかし、私たちは普段「質問する」ことについて意識することはほとんどありません。

メールやチャットで質問や確認を繰り返し、「エンドレスのやりとり」に「もういいよ」と思った経験は誰もがあるでしょう。この非効率なやりとりは、直接話しているときも起きています。ただ、**会話している気分になっているので、なかなか気づかない**だけです。

何となく相手の意見を聞きたく、「どう思いますか？」と質問することはあります。ですが、漠然とした曖昧な質問だと相手は答えにくいものです。返答がなく、意味がない質問になってしまいます。相手から何を具体的に聞きたいかを、質問返しされることもあります。わからないことを確認することは大切ですが、最初の質問が具体的であれば、相手からの質問返しは本来不必要です。

会話だと曖昧な点を確認していることに満足してしまいます。しかし、同じ確認だとしても、メールのやり取りだと非効率的だと多くの人が感じます。**この認識の違いを意識しないと、テレワークや離れたメンバーとのコミュニケーションではうまくいきません。**

つまり、はじめから「○○の件について、来週月曜日、全社会議で発表する資料です。追加すべき情報があれば、今週の木曜日までにフィードバックをください」と具体的に質問をすれば、コミュニケーションの手段を問わず、相手も返答しやすいのです。

他にも、外部講座に参加した部下に「どうだった？」と聞けば、「良かったです」「勉強になりました」と感想を一言で返す人は多いでしょう。上司はその回答に不満であれば、「どこがよかったの？」「どこが参考になったの？」と追加で質問して、具体的な解答を聞き出そうとします。

ここでも面と向かって会話をしていると、違和感や問題を感じないかもしれません。ところが、メールやチャットで同様のやりとりをすれば、面倒だと感じるでしょう。

最初から具体的かつストレートに聞くことが重要です。最初に「どうだった？」と聞くのではなく、はじめから「○○について学べた？」「何の目的で参加したんだっけ？」「今回得た情報で、○○の業務に活かせそう？」とある程度焦点を絞って聞くと相手も具体的に答えてくれます。追加で確認する必要はないのです。

コミュニケーションする手段が多様化している現代においては、何となく質問する今までのやり方を見直すことは大事です。必ずしも変えろというわけではありません。相手との関係性や場の雰囲気、話す内容によっても、「どう？」から始める方がよい場合もあります。コミュニケーションの方法で聞き方を変えるというよりは、**質問する前に相手に何を求めているかを自分の中で明確にする**ことが大切です。

はっきりとした要望がコミットを生む

部下が自分でやることを決めたら、行動を促し、進捗をフォローすることは重要です。そのためには、まず部下との誤解がないように、部下が決めたことをきちんと記録に残します。会話の最後にまとめる時間を数分確保するといいでしょう。

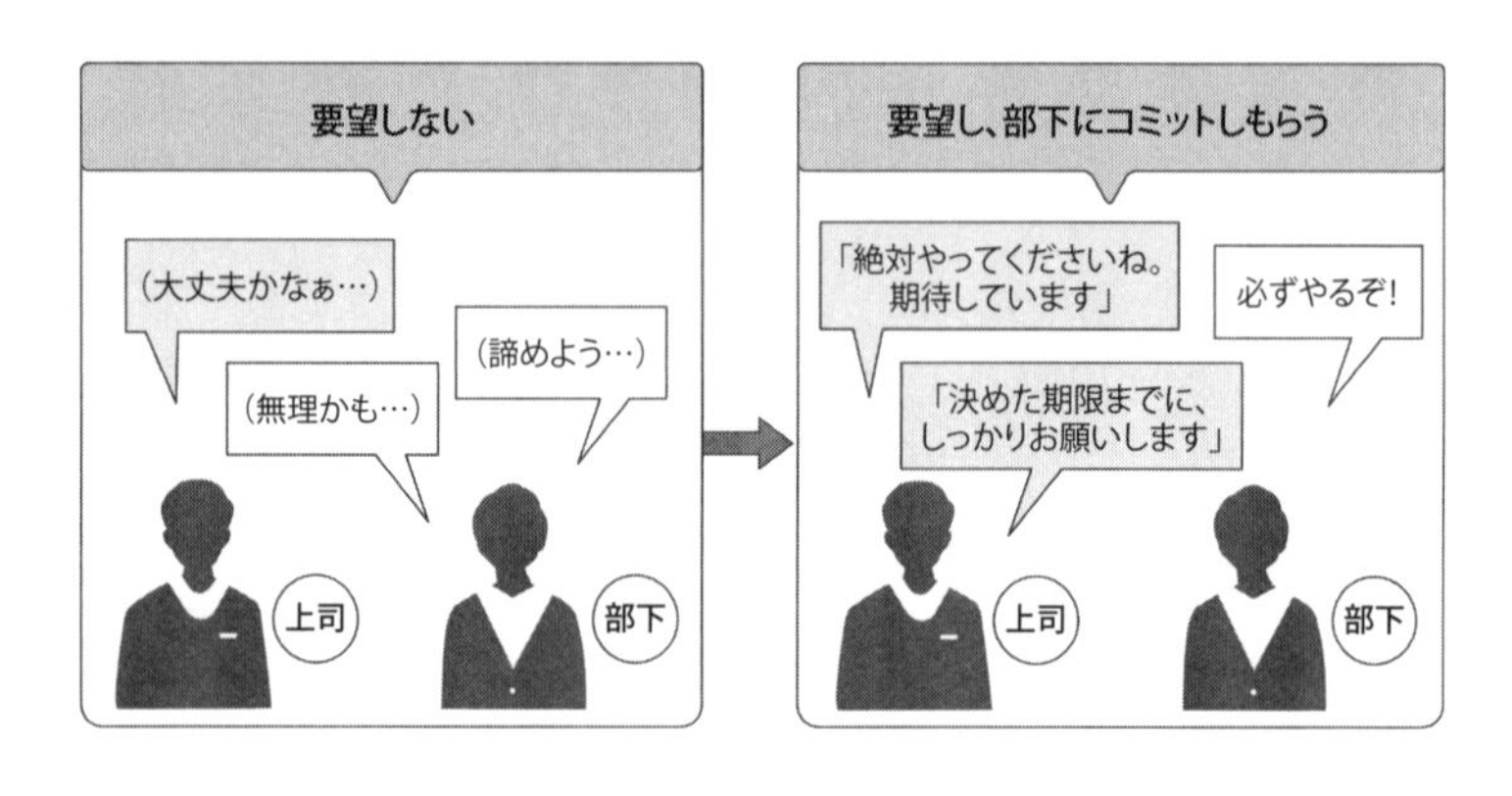

部下に要望し、コミットしてもらう

部下自身が、いつまでに何をするのか、上司からどんなサポートがいつ必要なのかなど、行動計画や支援内容を明確にします。また、次回の進捗会議をいつ行うのかも決めておきましょう。今回の行動計画が次回のミーティングのアジェンダの一部になります。

ここで上司がやらなければいけないことは、要望を伝えることです。部下の意思決定を尊重しながらも、**部下に「絶対やってくださいね。期待しています」「今回、決めた期限までにしっかりお願いします」のように自分の要望をハッキリと伝えること**です。そして、部下にコミットしてもらうことが重要です。

人は「できないかも」「無理かも」とつい否定しがちです。そうなると自らやり遂げることを諦めてしまいます。結果を出せない多くの人は「できない理由」や「やれない言い訳」を見つけ、目の前にある課題から逃げがちです。そうならないように、要望を伝えることによって、あなたが期待していることを知ってもらい、部下自身に「必ずやろう！」と覚悟を決めてもらうのです。

要望を出すときは、変に遠慮をしてはいけません。ハッキリとストレートに伝えるといいでしょう。要望に対する答えは「はい」か「いいえ」の二択だからです。部下にある種プレッシャーをかけることに、不安を覚えるかもしれません。ですが、相手の目標達成のために、また成長のために相手に行動を求めるのです。

部下に本気でやってもらうよう促すのであれば、上司も覚悟が必要です。この変化を起こすためには相手任せにせず、上司が直接要望を出して部下にコミットしてもらうことです。そして、上司として必要とされている自分の役割も明言することが大事です。

今後、仕事においては、プロセスよりも、成果がより評価されていきます。何をやり遂げたのか、どんな実績を上げたのかが重要になってきます。このグローバル的な働き方の流れはとまらないでしょう。すると、今まで以上に、**コミットした目標を成し遂げる有言実行が重要になってきます。その積み重ねが実績を作っていきます。**

コミットした目標は、必ず実現することが求められます。「やる！」と決めたら、ありとあらゆる手を尽くして、死にものぐるいで、目標達成しなければいけない、そんな厳しい世界になっていきます。そのため、上司は部下にコミットしてもらう一方で、**目標達成する上での障害を取り除くなどの「サポートを行う」ことをコミットする**ことが大事です。

そして会話の最後に、「何か他にできることがあれば、いつでも声かけてね」「新たにサポートが必要そうなら言ってね」と一言を付け加え、行動に向かってもらいます。「じゃあ、一週間後のミーティングで、〇〇さんがやった結果、どうなったか教えてください」のように伝えましょう。上司として、**進捗や相手の状態をきちんとフォローし、一緒にやり遂げるぞ！とコミットする**ことが重要です。

相手に応じて普段とは違う関わり方をしてみる

上司は、さまざまな考え方を持つ、いろいろなタイプの部下と一緒に、チームとして成果を出さなければなりません。積極的に新しいことにトライする人もいれば、慎重で思慮深い人もいます。自分でリードしたい人もいれば、周りを配慮し、サポートを好む人もいます。計画に沿って進めたい人もいれば、感覚的に進めたい人もいます。データ重視で形式を好む人もいれば、常識にとらわれず想像力豊かな人もいます。変化や曖昧な状態に敏感で苦手な人もいれば、あまり細かいことを意識せず、冷静に判断できる人もいます。

多様なメンバーは**「自分とは違う」ということを改めて認識する**ことが重要です。

ここで注意したい点は、「この人はこのタイプっぽいから、こういう性格に違いない」「このタイプは仕事をする上で優れている」「このタイプにはこうすべき・こう関わるべきだ」みたいな決めつけをしないことです。海外のビジネスに関わっていると、「○○さんは中国人だから」「○○さんはアメリカ人だから」と国や国籍で相手を判断する人もいますが、これも適切ではありません。

むしろ**安易な決めつけや思い込みは、間違った判断や不適切な対応を引き起こします。**

単純に「この人はこういうタイプなんだ」と相手に興味を持つことが大切です。すると、今までの自分のやり方や関わり方だとうまくいかない、と気づくことがあります。普段とは違うアプローチをしようと考えるキッカケになります。つまり、自分の中で選択肢を増やしていけるのです。

相手に興味を持てと言われても、なかなか難しいものです。まずは**「どんなタイプの人だろう」と相手について考えてみる**ことです。結果的に、相手基準で物事を考えられるようになり、相手に応じた関わり方ができるようになります。

例えば、質問すると黙る人がいます。相手が慎重で思慮深く考えるタイプであれば、自分が一方的に説明するよりも、相手に十分に考えられる時間を与える方が適切かもしれません。こちらも沈黙して待ってみるという選択肢が出てくるかもしれません。

もし相手が計画を立てるのが苦手で、感覚的に仕事を進めるタイプならば、説明や難しい質問をするよりも、「はい・いいえ」で応えられるシンプルな質問をする方が、相手にとってはやりやすいかもしれません。積極的に仕事を進める人が感情的になっていれば、その思いや考えをしっかり聴いてあげ、「どうしたらいいと思う?」のように相手にアイデアを聞いてみるのもいいかもしれません。

このように、相手のタイプに興味を持ち、そのときの相手の感情や状況などを理解しようとすれば、今までとは違う会話の進め方や質問を考えるようになります。

また、**相手だけではなく、文化の違いも考慮する**ことが重要です。**文化の違いは国籍や人種などの違いだけではありません。**例えば、転職してきたばかりの社員であれば、前の会社の文化に慣れています。

組織の文化の違いは、仕事の進め方だけではなく、パフォーマンスにも影響します。判断基準や価値観にもズレが起きます。そのため、価値観や判断基準についての問いかけや確認、フィードバックする必要性が高くなります。

例えば、意思決定（トップダウン・ボトムアップ）、成長志向・安定志向（例：新しいことに挑戦する、リスクをとる、変化を受け入れる）、個人主義・チームワーク重視、結果重視など、組織的な文化を教えたり、理解しているかを確認したりすることが大事です。

また普段のコミュニケーション（例：指示、報連相）のやり方や頻度、仕事の進め方、計画や締切に対する考え方などもチーム間で異なり、共通認識を高めることは大切です。

相手だけではなく、文化によっても適したやり方は変わります。**チームとして成果を出すためには、考え方は違うけども、組織やチームとしての価値観や判断基準を合わせること**とは大事です。そのため「どのように」「何を」のように見える部分だけではなく、「なぜ」の見えない部分について教えたり、質問したりすることは大切です。

相手に関心を持ちましょう。そして組織の文化も言語化し、共有化しましょう。

部下との話し合いで注意したいこと

「部下と話さないといけない」と思いつつも、「まあいいか」と思い、話し合いをしなかった。そんな経験ありませんか？　急ぎの仕事やトラブルなどでできないときもあると思います。しかし、自分の中で「やりたくない」という気持ちが芽生え、ついついスキップしてしまった、サボってしまったということはありませんか？

例えば、「余計な口出しをして、うるさい人、面倒な人だと思われたくない」「そのうち問題は解決するだろうからほっておこう」「知れば知るほどいい加減なやり方が許せないから、あえてあまり首を突っ込まないようにしている」「ついつい部下を掌握したくなる」

など、いろいろな思いや考えがあるのではないでしょうか。

このようなときは、今一度、上司としての果たすべき役割や責任は何かを整理してみましょう。チームとして目標を達成するため、部下が最高のパフォーマンスを出すためには、何をすべきかを考えてみましょう。例えば、毎週定例として「1on1」をスケジュールすれば、コミュニケーションの機会が増え、部下の困っていることを聞き出しやすくなります。部下にアドバイスやサポートはどのようにしてほしいのか、いつしてほしいのかを聞いてみるのも手です。少なくとも部下の希望を知ることはできます。

部下の悩みを解決すること、前向きな行動を促すことは大切ですが、ビジネスライクでなければなりません。つまり、私たちはプロのカウンセラーでも心理学者でもありません。部下が仕事の目標を達成するため、成長するために、チームとして協力するのです。

深層心理を探ろうとか、プライベートの悩みを解決しようというものではないのです。**常に何のためにするのか目的を意識して、積極的なコミュニケーションを図りましょう。**

第8章　まとめ

- 目標達成や課題解決に向けて行動を促せるように問いかける
- 今までのやり方や考え方のパターンを変えるように質問する
- 相手の考え方や発想の転換ができるよう質問する
- オープンクエスチョンとクローズドクエスチョンを使い分ける
- 多様性のある職場で「なぜ？」は特に有効
- 「3つの何」と「YWT」や「KPT」を組み合わせて振り返る
- 聞きたいことは最初から具体的に質問する
- 要望を伝え、部下にコミットしてもらう
- 相手や文化によって、適したやり方や関わり方を変える
- 部下が仕事の目標を達成するために話し合う

チェックしましょう！

- □「なぜ相手に質問して考えてもらうのか」をわかっていない（➜ P214）
- □ トラブル対応にコーチングの手法は向かないと思っている（➜ P215）
- □ 質問を「相手の考え方を変えるためのもの」として考えたことがない（➜ P218）
- □「大丈夫？」と聞いて「大丈夫です」とよく言われている（➜ P222）
- □ トラブルが起きたら、まず「なぜ？」と聞いてしまう（➜ P225）
- □ 何となくで振り返りをしている（➜ P228）
- □「どうだった？」の一言だけで質問してしまう（➜ P231）
- □ 自分が期待していることを部下に伝えていない（➜ P233）
- □ 組織の文化や考え方を言葉にして共有していない（➜ P236）
- □ 部下の悩みは何でも解決してやろうと考えている（➜ P240）

※チェックがついたら本章を読み返しましょう

第9章

部下のやる気を引き出し、成長を加速させる

【応援する力】

自らのコミットが部下をやる気にさせる

目標に向けてチームを奮い立たせたり、部下のやる気を引き出したりするため、あなたが普段、やっていることや意識していることは何でしょうか？

令和上司は、チームや部下が厳しい状況に立たされても、みんなが諦めないように導きます。高い目標に向かおうとする意欲ややる気を部下から引き出し、どんどん目標に向かって前進させます。目標達成に向けて行動を促し、うまくチームのモチベーションを高めています。令和上司は、部下を本気にさせるため、まず自ら目標達成にコミットします。

高みを目指す情熱や覚悟が周りにも伝わり、チームとして成果を上げていきます。

目標を達成する過程において、部下のモチベーションを高めるには、いくつか押さえておいた方がいいポイントがあります。

①目標を明確にする

まずは、これから向かう目標を明確にする必要があります。達成したらどのような状態になっているのかを思い描かなければいけません。目指すべきゴールや成功のイメージが

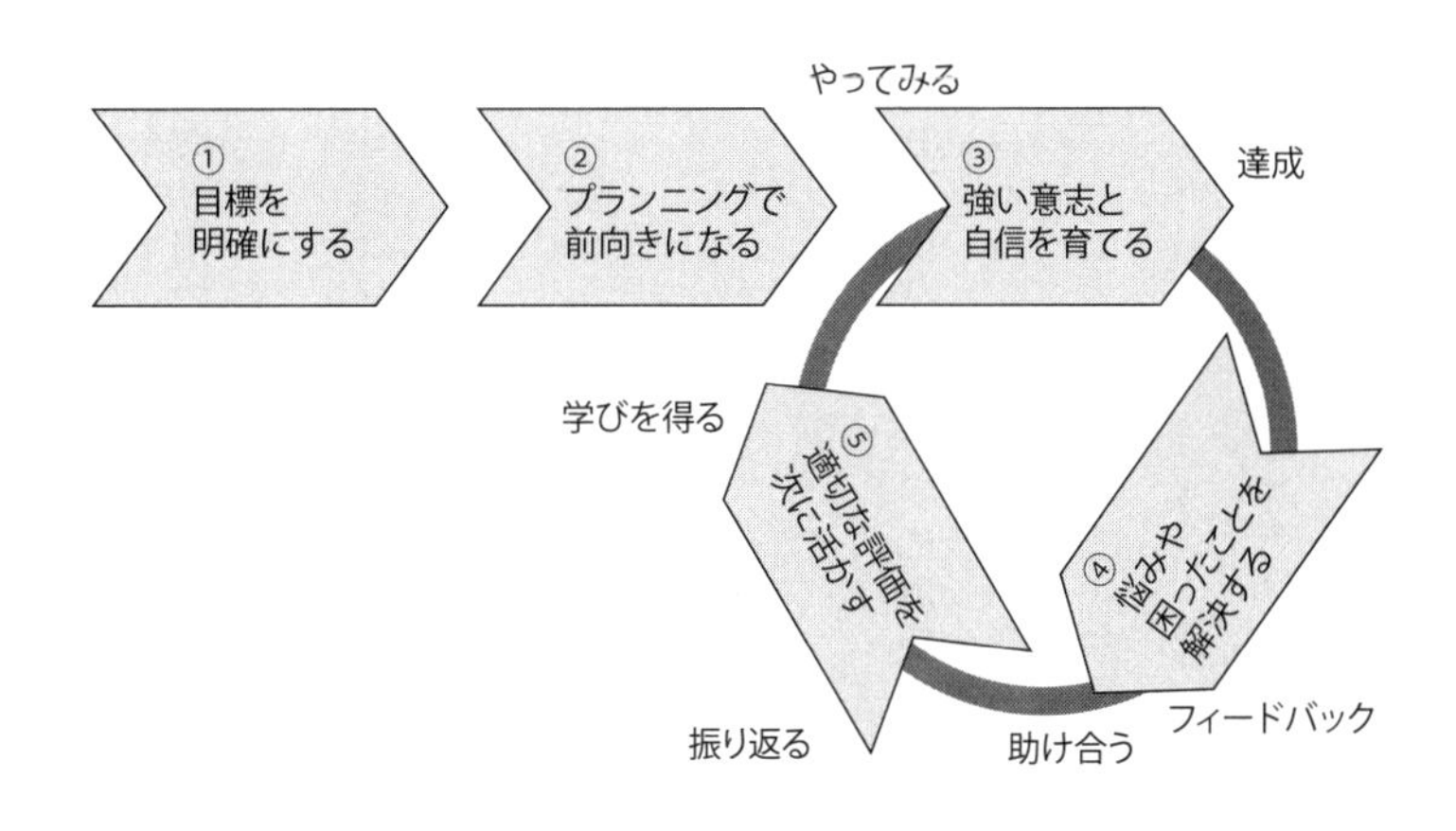

モチベーションを高める流れ

曖昧だと、どこに向かっていいのかわからず、本気になれません。

②プランニングで前向きになる

「前向きに取り組もう」と動機づけることは大切です。仕事の全体像や流れがつかめると、部下は何が求められているのかがイメージでき、どのように自分が貢献できるかがわかるため、やりがいを感じやすくなります。

③強い意志と自信を育てる

「目標を必ず達成する」という強い意志を持ってもらうことです。まずはちょっとした作業でもいいので始めて、やり遂げてもらうことです。達成感を得ることで自信がついてきます。自信がつけば、やる気は出てきます。目標に向かって、次の仕事にも自信を持って取り組めるようになります。部下も仕事に夢中になっていくでしょう。

④悩みや困ったことを解決する

部下の悩みや困ったことを聞き出し、前に進んでいけるようにフィードバックを与えましょう。大きなトラブルが起きれば、一緒に解決しましょう。上司が率先してチームを引っ張り、解決策を見つけ出すことできれば、チームの士気は上がります。部下は一人ではなく、助け合いながら進めていけるという安心感を感じることができるでしょう。

⑤適切な評価を次に活かす

3カ月ごとなどに業務の状況や実績を評価し、軌道修正や改善が必要かどうかを確認することは大切です。問題があれば、課題解決策や改善策のフィードバックをして、サポートしていきましょう。一緒に振り返り、部下に気づきや学びを得てもらうよう促します。部下は成長できると実感し、評価をポジティブに捉えてくれるでしょう。

また、話し合いの際には部下が評価を否定的に捉えたり、「…しなければいけない」と思い込んだりしないように、**「ないものではなく、あるもの（できていること、やり遂げたことなど）」を確認し、「何ができるか一緒に考えよう」のように前向きになれるよう導いていきましょう。**自分でコントロールできることだけに集中するのです。

業務に着手すれば、上記の③から⑤を繰り返し、最終的な目標に向かっていきます。部下のやる気を引き出したい、モチベーションを高めたいと感じるときは、上記のどの点に力を入れると効果的かを考えるといいでしょう。**ポイントは部下と一緒に行う**ことです。

「ストレッチゴール」で飛躍的な成長を実現する

私たちは、「前年比３％増」のような、今の自分たちのレベルで実現できそうな目標を立てがちです。前とほとんど変わらず、あまり意味がない目標だとわかっていてもです。人によっては、自分の上司や経営陣の期待値をマネジメントするために低めに設定するとか、自分のチームや部下からの反発を恐れているからかもしれません。

できる上司は部下の能力を引き出し、成長を促し、さらに高い目標を実現しようとします。常套手段として「ストレッチゴール」を活用することがあります。例えば、前年と比べ、10％増の目標であれば、今のやり方を改善すれば達成できるかもしれません。しかし、前年と比べ、30％増のような目標だと、ちょっと手を伸ばしただけでは届きません。

この高い目標であるストレッチゴールを達成するには、今の自分たちのスキルや、今までのやり方の延長では実現できないので、ゼロベースで考える必要が出てきます。

高い目標を設定することで目線が上がり、視野が広がり、新しい発想が生まれてくるのです。部下にとっては、理不尽と感じるような目標になるかもしれません。しかし、**ストレッチゴールを掲げてこそ、部下の能力は最大限に発揮されます。**足りないスキルや知識を短い期間で吸収し、目標を達成するためにあらゆる方法を考え、実行します。**高い目標を設定するのは、達成のためだけではないのです。目標にたどり着ける自分に成長するため**でもあるのです。ストレッチゴールを達成できたときの状態（例：○○ができるようになった）を、部下にも想像してもらいましょう。より前向きに取り組んでくれるはずです。

大事なことは、高い目標を実現するため、小さな枠にとらわれず発想を広げ、新しいことにチャレンジし続けていくことです。個人だけではなく、チームとしても会社としても飛躍的に成長し、高い成果を生み出していきましょう。

やる気スイッチを見つける

目指すべきところが見えてきたのに、なかなか乗り気になれない人はいます。あなたのチームはどうでしょうか。もし部下がそういう状態になっていたら、どうしますか？

何がやる気にさせるのか、行動のキッカケを作ってくれるものは何かを見つけなければなりません。やる気がなさそうな人に「頑張れ」と言ったところで、「今のままでは無理だ」とダメ出ししているだけです。むしろ、余計にやる気を奪います。やる気を生み出す要因には、主に「外発的動機づけ」と「内発的動機づけ」というものがあります。

外発的動機づけとは、外部からの働きかけによってもたらされる動機づけです。

例えば、お金（給与やボーナスなどの報酬）、権力（昇進や配置転換）などによる動機づけです。一般的に効果は短期的で、やれることも限定的です。

また「やらなければいけない」「無理と言われたからやってやる」「あの人のように成功したい」といった義務感や強制、プライドや嫉妬なども動機づけの要因になります。

内発的動機づけとは、自分の内側からやる気が湧いてくるものです。行動そのものが目的になったりします。例えば、「もっと詳しく知りたい」「課題を解決したい」などです。「スキルアップにつながる」「勉強になるので楽しい」「この経験は次に活かせる」のように、自分なりに仕事の意味づけをしているので、達成感や成長の実感を得やすいです。内発的動機づけは、「仕事の意味をどう見出すか」考え方次第のため、持続性があります。

これらの要因を踏まえて、部下がやってみようと思うもの、やる気スイッチは何かを見つけていくことが大切です。どうしたら動機づけできるのかを考えてみましょう。**一緒に仕事の意味づけを行う**のも手です。

おすすめは、**部下の「個人的にやりたいこと」と「会社の目標」を関連づけることです。共通部分を見つけて、社員のエンゲージメントを高めましょう。**ここで言うエンゲージメントとは、会社に対する貢献意欲です。社員一人ひとりが会社の目標を理解し、自発的に

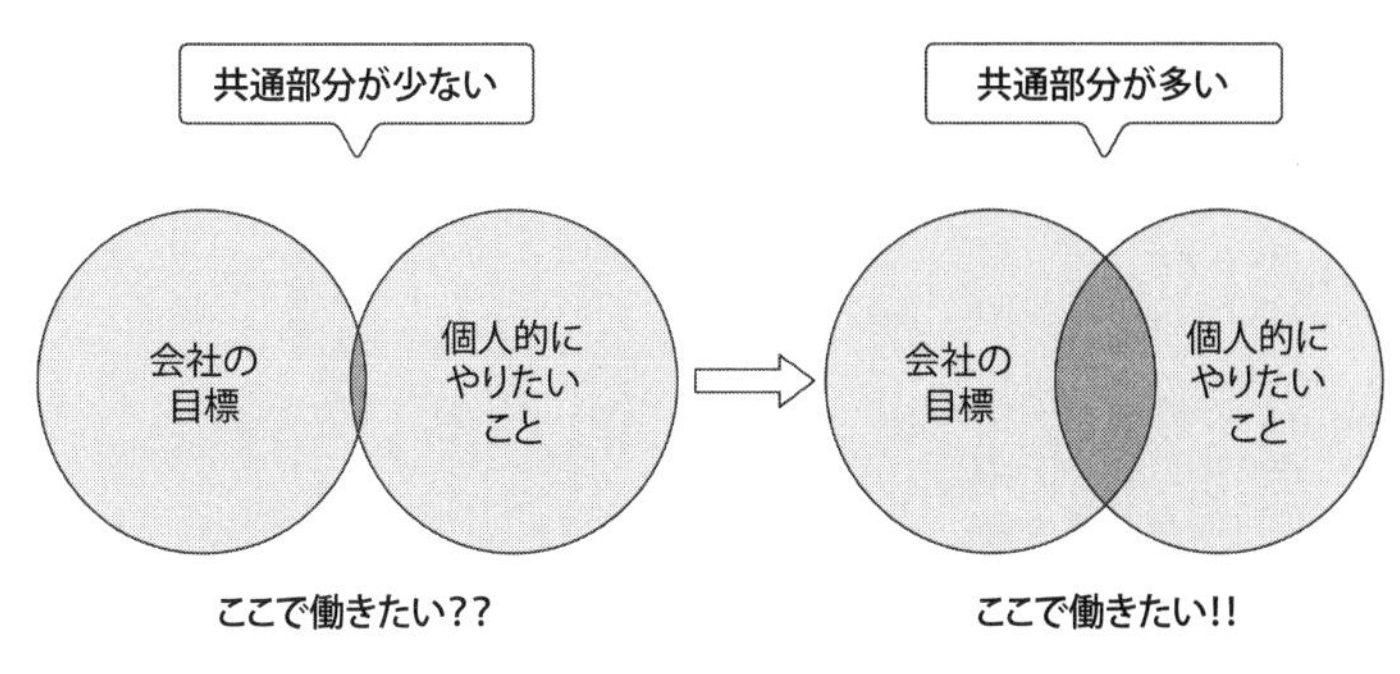

「会社の目標」と「個人的にやりたいこと」の共通部分

力を発揮しようというものです。個人がキャリアを設計する時代になり、「個人と組織が対等の関係で、お互いの成長に貢献し合う」という考え方が背景にあるためです。

そして、部下に成長できる環境を整備し、働きがいを感じてもらいましょう。「この会社で頑張れば、自分はもっと成長できる」「転職より、ここで働きたい」と思ってもらえればベストです。会社と部下の個人的な目標の共通項を見つけ出し、部下が成長を期待することができる環境を提供することは、あなたの大切な仕事であり、腕の見せ所です。

また３カ月に一度など、定期的に進捗確認を行うといいでしょう。状況によって、個人的な目標や力を入れているところの微調整を行いながら、現実的に会社と部下両方にとって、Win-Winの関係になるように取り組んでいきましょう。

成果を出して自信を育てる

「うまくいかないと、自分はできない人だと思われる」とネガティブに考え、上司や周りのことばかり気にする人はいます。不安や恐れを感じると、少しずつ行動できなくなり、「やってみよう」と挑戦することもなくなります。

もし部下がそのような状態なら、その考え方を改め、**「致命的な失敗にならなければ、とりあえずやってみる」**ことを徹底しなければいけません。目標に向かって行動していくと、理想とのギャップが見えてきます。このギャップを埋めるように行動をするから目標にたどり着くのです。実際に**行動を始めないと、このギャップにすら気づきません。どう目標に向かって改善できるかがわからない**のです。行動に移せないのは致命傷なのです。

「まずはやってみる」を部下に促しましょう。ギャップが見えるということは、何かしらうまくいかなかったときです。不安や抵抗を覚える部下もいるでしょう。しかし、目標を達成するためには、このギャップを早く見つけることが重要なのです。そこをきちんと説明して、理解してもらいましょう。

そして、**部下に行動をとってもらうために、「ナッジ（nudge）」な問いかけをしましょう。**「ナッジ」とは、「ひじで軽く突いて注意を促す」という意味です。行動経済学では、さりげなく相手を自分の意志で行動する方向へと導き、良い結果を引き出すというものです。

例えば、「売上を前年比2倍にするためには、何ができるだろうか？」と突然質問されれば、気の遠くなるような努力を連想し、思考停止状態になってしまうかもしれません。ですが、「売上を2倍にするために、『できそうなこと』は何だろうか？」「私たちみんながで きそうな『ちょっとしたこと』って何だろう」と問いを変えることで、突然の大きな変化を強いることはありません。少しずつアイデアや行動を引き出すキッカケになります。このような日常的な軽い示唆は、とても有効です

さらに、**行動に移しやすくなるように「ベイビーステップ」も取り入れる**といいでしょ

小さな一歩から始める

う。ベイビーステップとは、赤ちゃんが歩むように小さな一歩から始めることです。つまり、作業を簡単にできるレベルまで細かくしてから取り組むというものです。こうすることで心理的な負担が減り、最初の作業に取りかかりやすくなります。すると、たとえちょっとした作業であっても、部下はここで何らかの成果を出すことで「できた」と達成感を感じます。成長を実感できるようになります。「こんな感じで進めればできるんだ」「これでうまくいくんだ」と自信になります。このように**小さな達成や成功体験を積み上げていく**ことが重要です。このような体験ができる仕事を、できる機会や場を提供できるよう、取り組みましょう。

また部下が「周りに追いつかないといけない」とプレッシャーを感じたり、「全然ダメだ」と自分を責めたりして、自己否定や自己嫌悪に陥っているときがあるかもしれません。そのような場合は、その状態を**否定しない**ことです。

部下が最近うまくやり遂げたと思える仕事を聞いてみましょう。部下は黙って答えてくれないと思うのであれば、周りの人に事前にヒアリングし、その部下がやってきた仕事や実績、進歩を確認してください。部下との面談で、具体的な例を挙げてみてもいいでしょう。部下は自分がやり遂げた事実なので、否定はしないはずです。

さらに、前の週にやったことや成果を週次レポートとして提出してもらうのも手です。成し遂げたことや達成したことを認識してもらうことで、少しずつ自信につながっていきます。やってみようという気になっていくのです。

「仕事に夢中になる」から実力がアップする

「面倒だなぁ」「早く終わらないかなぁ」と思いながら嫌々仕事をしていると、仕事の時間が長く感じられます。一方、何かに熱中したり、夢中になったりしていれば、あっという間に時間が過ぎていきます。このような経験は誰もがあると思います。

「我慢してやらないといけない」「頑張らないといけない」と考えて嫌々やっても、いい成果を生み出すのは難しいものです。ここでも動機づけが重要です。**締め切りと仕事の意味づけの掛け合わせ**です。

令和上司は「締め切り」にうるさいです。「目の前の作業を早く終わらせる」ためだけではなく、「やってみて、早くギャップを見つけ対策をする」ためです。

つまり、最終的な目標を早く達成させるためです。そして、「なぜ締め切りを設けるのか」を部下と、共有することも大切です。チーム間で同じ価値観を形成するためです。

そして先ほど紹介したベイビーステップのように小さく仕事を分け、それぞれに締め切りを設定しましょう。必要に応じて、**徹底的にフォローし、締め切りを守る意識を高めていければ、着実に仕事が進んでいきます。**

部下自身もやり遂げて、それを積み重ねていくことで達成感や自信になり、目の前の仕事に夢中になっていきます。締め切りは仕事の効率化や生産性を高めるだけではなく、モチベーションにおいても効果が高いのです。

さらに、部下の仕事に意味づけをすることは大切です。「１ｏｎ１」で、**仕事が部下にとっ**

て、どういう価値やメリットがあるかを説明しましょう。ときには発想を転換し、仕事が楽しめるように仕事をゲーム化してみてもいいでしょう。例えば、1時間かかっていた仕事を50分で終わらせ、10分の休憩を獲得する。このボーナス休憩を1日何回獲得できるかをチャレンジしてもらうなどです。

意味づけの延長として、部下自身がやりがいを感じる仕事や好きな仕事などを洗い出し、できる範囲でそのような仕事をする機会を与えましょう。人によって全然違いますが、例えば人前で発表する（企画の内容や進捗、うまくいったことなど）、技術的に厄介な問題を解決する、新しいことに挑戦するなど、どんなことでもいいのです。

「締め切り」と「仕事の意味づけ」は、目の前の仕事に集中でき、モチベーションだけではなく成長面においても大変有効です。積極的に部下を動機づけていきましょう。行動を起こしていけば、さらにやる気が出てきます。

チームが気持ちよく仕事できる雰囲気を作る

上司にとって、職場の雰囲気や環境をマネジメントすることは、以前よりも重要な役割になっています。それは、職場の人間関係や環境がチームの生産性に影響するからです。「嫌だなぁ」「面倒だな」「無理でしょう」と思うことは誰にでもあります。ただ、このような雰囲気がまん延すると、他の人に相談しにくくなり、悩みを抱えてしまったり、意見が言いにくくなったりします。結果的に、自分の仕事だけを気にするようになったり、チーム間でのコミュニケーションが減ったりします。ときには、朝の挨拶をすることすらはばかられる雰囲気になり、ギスギスした空気が流れたりもします。

一方、**「笑う門には福来たる」**ではないですが、職場の雰囲気が明るいと考え方が前向きになり、アイデアも生まれやすくなります。一緒に働きやすいと感じる仲間が集まり、助け合おうという意識も出てきます。心身ともに健康で、みんなで頑張ろうという気にもなります。上司をはじめ、メンバーが明るく穏やかな表情をしたり、ニコニコしたりしているので、それが他の人にも伝わり、安心感が生まれ、ネガティブな感情も緩和します。

グローバルで仕事をしていると、雑談やユーモアで会社やチームの雰囲気を明るくするリーダーを多く見かけます。素敵な笑顔であったり、テンションの高い声がけだったり、ポジティブな雰囲気を自分から創り出しています。ただ、すべてのリーダーがそのようにしているわけではありません。**仕事の姿勢や基礎的なことを大事にしたり、最近ではＩＴインフラやツールを利用しコミュニケーションを活性化させたりしています。**

できる上司は、挨拶やお礼、時間を守るなどの仕事への姿勢を普段から大切にしています。部下の技術力不足は教育やトレーニングでカバーできますが、「約束を守らない」「学ぼうとしない」「周りと馴染もうとしない」など、仕事に対する姿勢に問題があると、仕事で高いパフォーマンスを出し続けるのは難しいことを知っているからです。

そして、**感謝を表す機会や場を増やそうとします。**従来からあるように、表彰式を設けたり増やしたりします。最近多いのは、顧客管理システム上でのチャット、ＳＮＳやメールなどで仕事ぶりや感謝を直接伝えます。お客様の声や成功事例をチームに共有したり、社内に展開したりもします。自分たちの仕事がどうお客様に役立っているか、貢献できているかを知ってもらい、やりがいや自信につなげていくためです。

また、通常の業務以外でも、仕事を円滑にするために関係者との仲を深めようとチームでの食事会や飲みニケーションの場を設けたりします。これ以外にも、自分たちでイベントを企画したり、あるいは外部の**チームビルディングサービスを活用したりして、会話ややりとりを促すような取り組みを重視**しています。それは従業員の定着化（離職の防止）にもつながるからです。ただし、これらの活動は目的を果たす手法の一つに過ぎません。その方法が会社やチームに合わないならば、別の方法を検討することが大事です。あくまでチームや部下が主役と考え、自分の好みを押し付けないように注意しましょう。

客観的に評価し、部下の行動と成長を加速させる

部下を正当に評価していく責任が上司にはあります。これは義務です。サボることは誰の得にもなりません。部下、チーム、会社、そしてあなたにとっても、マイナス以外のなにものでもありません。部下が適切な評価をされず、活躍できるチャンスが与えられないようなことは起きてはいけません。部下の未来や可能性を潰しているようなものです。

私たちは、**事実を基に客観的に評価しなければなりません。**最初に合意した仕事と能力向上の目標をベースに評価していきます。会社やチームによって頻度は変わりますが、半

年に1回、できれば3カ月に一度話し合うといいでしょう。毎週「１on１」をしていて、ＳＭＡＲＴを基に目標を立てていれば、１時間もせずに終わるでしょう。ただ、当初の計画とのギャップが大きければ、改善計画の策定で時間がかかるかもしれません。

部下の能力やスキル向上の評価については、目標を立てたときに決めた行動計画の進捗状況を基に話し合っていきます。

もし、何もない状態から部下の能力やスキルを評価し、話し合うとなると相当難しいです。上司に実力や自信がなかったり、遠慮があったり、あるいは部下のことをわかっていなかったりして、なかなか思うようにフィードバックできないでしょう。

また部下への配慮が不十分な表現をしてしまえば、相手は感情的になり怒ったり、ショックで黙ったり、会話にならなくなるかもしれません。

しかし、能力向上の目標を立ててあると、具体的な行動量や結果など事実を基に話し合えるため、評価基準が明確で公正です。主観的な判断や意見になりにくく、感情的なやりとりにもなりにくいため、上司にとっても部下にとっても話しやすいのです。**目標設定で数値化が難しいものについては、対象となる評価項目を、さらに知識、協調性、柔軟性な**

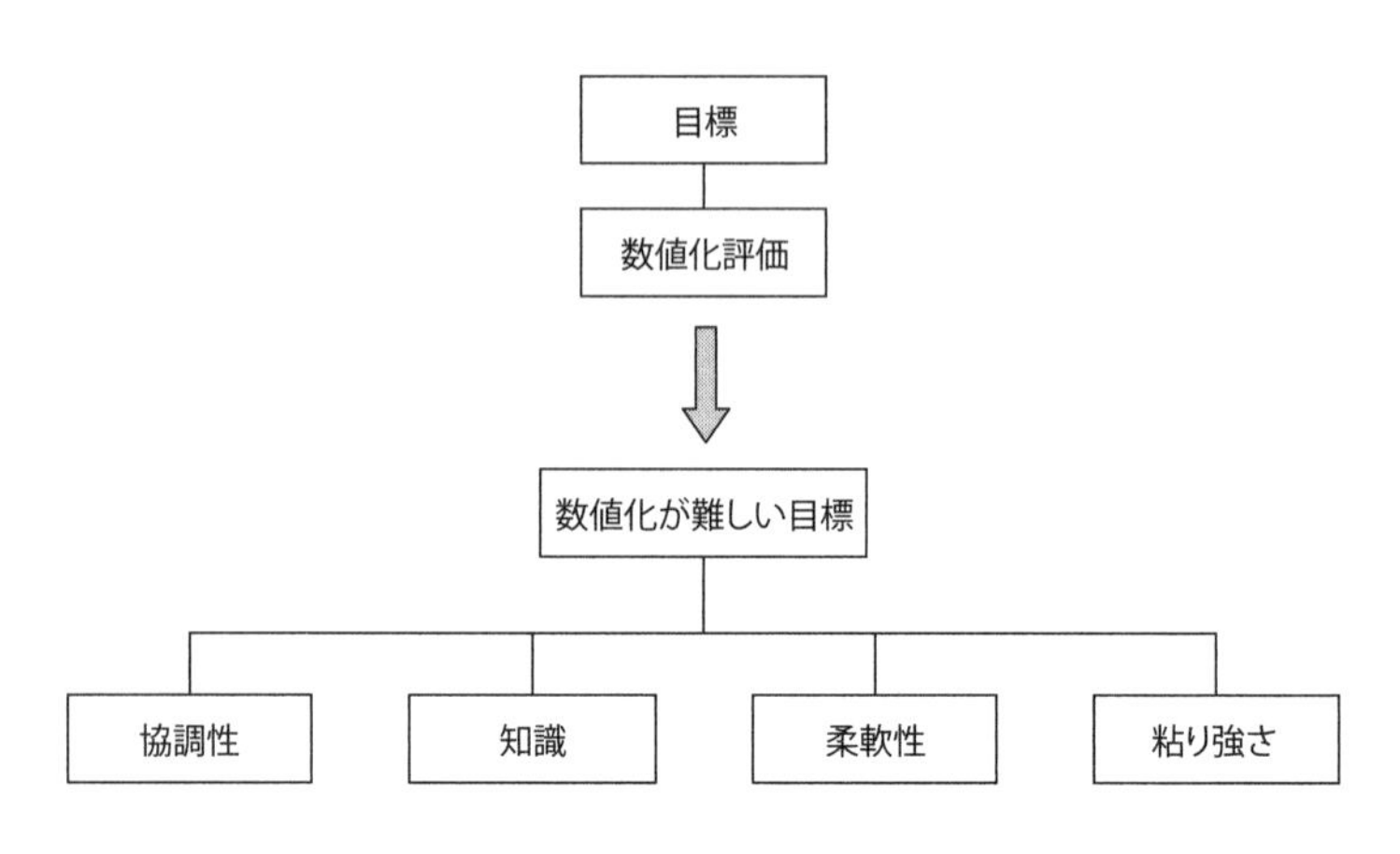

数値化が難しいものは細分化して評価する

ど細分化し、どれができているかを評価するといいでしょう。できるだけ主観が入らない評価になることで部下も納得しやすいです。

実際に、今までなかなかフィードバックできなかった部下のスキル向上について、本音を交え伝えやすくなります。この際、会社目線や上司としての主観的な意見だけではなく、**社外的な基準や目線で話していけるように、必要に応じて事前に情報収集しておく**といいでしょう。部下は自分の専門分野において、全体像がイメージできるようになります。自分がどのあたりにいるのか、何を学ぶべきなのかなどが見えてくるので、部下にとって有意義な話し合いだったと感じてもらえるでしょう。

一方で、部下に厳しいことを言わなければいけない場合もあります。事実を基に話し合っていくので、感情的にはなりにくいですが、大事なことは、**あなたが部下の成長のサポートをコミットすると部下に伝える**ことです。相手の立場に立った、部下のキャリアを中心にしたフィードバックをすることで、あなたの本気度も本人に伝わりやすいでしょう。

あなたは部下の応援団長

部下が個人的に成し遂げたいことや部下のキャリアを応援できるのは、上司の特権です。個人的にやりたいことと、会社としてやるべきことが完全に一致することはありません。しかし、重なり合っている部分は、探せば必ずあります。**部下一人ひとりが成し遂げたいことを実現できる働き方を尊重し、支援しましょう。**そうすることで、「自分たちを大切にしてくれる」組織やチーム、もしくはあなたへの、一緒に働こうという思いの忠誠心が高まるでしょう。こういった信頼関係を作っていくことは重要です。

一方で、やりたいことがよくわからない、仕事に本気になれないという部下もいます。プライベートの時間をきちんと確保でき、ストレスが少ない仕事がいいと考える人もいます。上司としては、相手の考えを尊重しつつ、「あなたにだからお願いしたい」「あなたを頼りにしている」といった期待を言葉にして伝えることは重要です。直接伝えることで、部下や後輩の自尊心をくすぐり、モチベーションになることもあります。期待しすぎるとイライラさせられ、精神的によくないですが、あなたの**期待や思いを相手に知ってもらうことは大切です。**

また、部下の仕事がうまくいかなったとしても、怒鳴るようなことをしてはいけません。どんなに頑張っても失敗することはあります。人によって悔しさや反省の度合いは違いますが、部下自身は失敗したいと思って仕事に取り組んでいたわけではありません。こんなときに部下を叱ってもあまり意味がありません。

結果を出せなかったという事実と、その評価は避けることができません。ですが実際に、部下が目標達成に向かってやってきた事実は認めてあげましょう。

これは、結果を出せなかった部下を高く評価しましょう、と言っているのではありません。評価はシンプルで、結果を出したかどうかです。その事実を一緒に振り返り、次回に向け、具体的にどこを見直し、改善すべきかを明確にしていきましょう。

ここで大事なことは、**部下の失敗を他人事のように思ってはいけません。そもそも、部下に大きな失敗やミスを起こさせてしまった自分のマネジメント能力不足を、本来は反省すべきです。**部下に振り返ってもらうだけではなく、自分自身の仕事の進め方やコミュニケーション、部下の仕事へのフォローや進捗確認などをしっかり振り返りましょう。そして、この経験から教訓を得て、次回に活かしたいものです。

第9章　まとめ

- 部下と”一緒に”目標へ向かうと、部下のモチベーションは上がる
- 「ストレッチゴール」を掲げ、新しいことにチャレンジする
- 部下のやる気スイッチを見つける
- まずはやってみて、小さな達成や成功体験を積み上げていく
- 「締め切り」と「仕事の意味づけ」で仕事に夢中になる
- チームが働きやすい雰囲気をつくる
- 客観的な評価で、部下の行動と成長を加速させる
- 部下を応援できるのは、上司の特権

チェックしましょう！

- □ 部下をやる気にさせるのに苦労している（➜ P244）
- □ 無難な目標を立ててしまう（➜ P247）
- □ 「部下の仕事の意味づけ」なんて考えたこともない（➜ P249）
- □ 「部下の小さな成功よりも失敗が大事だ」と思っている（➜ P252）
- □ 部下に締め切りを必ず守る意識を徹底させていない（➜ P255）
- □ 職場の雰囲気が悪くなっていると感じている（➜ P257）
- □ 自分の好みで相手を評価してしまう（➜ P260）
- □ 部下に期待するのは諦めてしまった（➜ P263）

※チェックがついたら本章を読み返しましょう

パワーアップ講座

ついついやってしまう悪い癖

　私たちには、大なり小なり相手から認めてもらいたいという承認欲求があります。また、上司になると部下の頃よりも自分の存在をアピールしたい自己顕示欲が強くなります。これらの欲を満たしたいという気持ちから、つい言わなくてもいいことを言ってしまったり、他の人から見るとこだわりすぎてしまったりすることがあります。ここでは、ついついやってしまう悪い癖と対策のコツをいくつか紹介します。

①相手の感情を逆なでしてしまう

　問題が起きたときに、わざわざ相手に言わなくてもいい言葉があります。例えば、「ほらね」「だから言ったのに」「何年やってるの？」などです。言われた相手からすれば、怒りたくなる、不愉快にさせる言葉です。これらは、人をけなすことで「相手より上に立ちたい」という発言です。経験上、できる上司はこのようなことを言いません。また、感情がポロッと出てしまう、「まっいいや」「これでいいや」など相手への配慮がない言葉も、ただの嫌がらせと捉えられるかもしれません。まずは、その一言を「言う価値があったのか？」から考えてみましょう。

②やる気を奪うような言葉を言ってしまう

相手を小馬鹿にするような否定的な意味を持つ表現は、部下のやる気を削ぎます。例えば、「常識でしょう／当たり前でしょう（＝何でわからないの？）」「前にも言ったよね？（＝何で覚えてないの）」「やる気ある？（＝やる気ないよね）」「ちゃんと考えた？（＝考えてないよね）」などです。上から目線の発言で、部下に配慮のない言葉です。これらの言葉は相手をイラッとさせ、疲れた気分にさせるだけです。前向きにしようという意図がそこにはありません。まずは、アンガーマネジメントのテクニックを取り入れ、一度冷静になり、どう改善できるかを現実的かつ前向きに考えましょう。

③会話を早めようとしてしまう

会話の途中で「知っている」と言われ、話を最後まで聞いてもらえないのは、感じが悪いものです。聞いている方は、自分がすでに知っていることを聞かされるのが嫌なので、つい言ってしまうかもしれません。また、相手が言おうとしていることをわかってしまうと、「はいはい、それって○○ですよね」「要するに、○○ってことですよね？」と、一方的に話をまとめようとします。優秀な人ほどやりがちなミスです。相手の「話をしたい」という気持ちを削ぎます。話す側からすれば、言いたいことが全部言えずにモヤモヤが残ります。

私たちは、自分の話を最後までしっかり聞いてくれる人を好みます。部下との会話では「自分の意見は、主役の相手の話を最後まで聞くまで言わない」という我慢も必要です。

④完璧にこだわってしまう

完璧主義の上司は、「自分のやり方やルール」を部下に押し付ける傾向があります。職人気質のため、部下が「この分野を極める！」と覚悟しているのであれば、最高の上司になるかもしれません。ですが、そうではない多くの部下にとっては、自分の能力に合わせて教えてもらえないと感じます。価値観を押し付けられているようにも感じるので、部下は窮屈な思いをし、疲弊する人や辞める人も出てきます。

不確実な現代においては、最初から完璧を求めるよりも、スピードを重視することが求められます。最初に向かうゴールを明確にすることです。ここがハッキリしないと、結局、完璧を目指す進め方になってしまいます。階段を登るように一歩一歩進み、改善していくのであれば、まずは最初の一段目（ミニゴール）を具体的に設定する必要があります。

⑤アドバイスしすぎてしまう

私たちは、相手にとって良いことだと思ってアドバイスをします。しかし、部下が新しいアイデアを企画・提案してきたときにアドバイスをしすぎると、アイデア自体は良くなるかもしれませんが、相手のやる気を一気に奪います。部下の立場で考えると、自分が生み出したアイデアを、上司のあなたに奪われたように感じるからです。価値観を押し付けられたとも感じるでしょう。あなたのアドバイスによる「付加価値」と、部下が失った「やる気」を天秤にかけてみましょう。その結果を踏まえ、アドバイスをするのか我慢するのかを決めましょう。

このように、ついやってしまう、部下から嫌がられる言動や態度は、これら以外にもたくさんあります。部下と一緒に仕事を進める上では、「自分の意見を何も言わない！」が最良の選択肢になる場合もあります。まずは、「何か役に立つことを言わなければならない」という脅迫概念を捨てましょう。大事なことは、実際に話す前に「言う価値があるか？」「相手は嫌な思いをしないか？」と自問し、何でもかんでも言おうとしないことです。

最後に、他人に迷惑を直接かけることはありませんが、多くの人が「自分らしさ」にこだわりすぎて、自分の可能性を狭めるときがあります。「性格だから仕方ない」と自分の欠点のせいにして諦め、やろうとしないというものです。例えば、部下がやり遂げたことを認め、褒めることは大変有効です。しかし、「褒めるのは自分らしくない」との理由で、一切褒めない人もいます。このようなとき、冷静に「なぜ自分らしくないのか？」「それをしたら何が問題なのか？」を考えてみてください。自身の思い込みで視野を狭め、行動の幅を狭めてしまいます。それを自問することで、新たな選択肢を広げることができるのです。

第10章

自分も成長し、成果を出し続ける

「育てる」は最強の自己成長術

部下や後輩ができれば、自分のために使える時間は減ります。役職が上がれば責任や権限も大きくなり、今までのように自分磨きや学びの機会や時間を確保することは難しくなります。「若い人は成長しているけれども、自分は止まっているのでは？」と不安になることもあるかもしれません。そんな状況において、**「育て方」を学び、実行することは、私たちにとって最も効率的に成長できる手段**です。

他の人に教え、任せ、相手の力を引き出し、成果を出す。うまくいかないときは支援し、一緒に解決する。**自分一人の経験だけではなく、他人の経験も加わることで、新しい次元で学べ、桁違いの成長が可能**になります。

人に教えることで、今まで培った経験やノウハウを体系的に整理できます。さらに、他の人を通じて成果を出そうとすると、今までに経験したことのない状況や課題に直面します。これらを部下と一緒に乗り切ることで、あなたの経験や視点の幅が広がり、問題解決力も上がり、成長することができます。要するに、**あなた自身の限界を広げる**ことができるのです。

また部下や後輩の力を引き出し、成果を出そうとすることは、あなたが相手の役に立ちたい、支援したい、成果を出してほしいという純粋な思いを満たすだけではありません。自分も成長したい、成果を出したいという欲求も満たします。相手と本気で向き合い、有意義な考え方を相手から引き出すことで、新しい考え方を学べるのです。相手のためだけではなく、自分のためでもあるのです。

今の時代、いつ会社が倒産したり、リストラに遭ったり、転職せざるを得ない状況になってもおかしくありません。そういう状況に備え、私たちは常に学び、成長を続けなければなりません。

どこでもやっていける仕事の能力や専門技術、マネジメント力を高めなければならないのです。他人のために時間を使うことが増えているからこそ、「部下を育てること」そして「相手の力を引き出すこと」は今後、より重要な武器となるのです。

役割が変わるときは自分をアップデートできるチャンス

私の担当地域に東南アジアとオセアニアが加わり、部下の人数も増えた頃の話です。私は、勤務時間内は部下をサポートすることに力を入れていました。当時はトラブルや問題があれば「ここは僕の出番」と考えていたので、率先して問題解決に臨んでいました。チームと一緒に解決しようと取り組んでいました。チームとしては結果を出しており雰囲気も良かったと思います。ただ一番うまくいっていなかったことは、自分の仕事をする時間がなかなか捻出できず、夜中まで働くことが続いていました。

私は、自分の上司と一緒に出張しているときも、飛行機の中、ラウンジ、あらゆる場所で仕事をしていました。そんな折り、飛行機の出発が少し遅れ、ゲートで雑談を交え、いろいろな話をしていたときです。私の上司は、私が休むことなく仕事をしていることを心配してくれていました。そして私の働き方について、笑顔で、優しく諭すように言われたことを今でも覚えています。

「部下がいれば、自分の持っている時間や頭の半分は部下に使うことになる。部下の人数が増えれば、さらに使うことになる。そういうもんだよ」と言われたことです。上司はそれ以上、言いませんでしたが、文脈的には、明らかにこう続きました。「今までのやり方や考え方では回らなくなるから、変えていく必要があるよ」と。

それ以来、「グローバルカンパニーとは？」「チームとは？」「一貫性とは？」「標準化とは？」「生産性とは？」「全体効率とは？」などさまざまなことを考えるようになりました。業務レベルにおいても、「何が本当に重要なのか？」「何が求められているのか？」「なぜ必要なのか？」「何を諦めるべきか？」「何をやらないようにするか？」「やらなかった場合の最悪のケースは何か？」「時短するためにはどうすればいいのか？」「他のやり方はあるのか？」「リソースをどう確保するのか？」などを突き詰めて考えるようになりました。

限界に近づき、今までのやり方を見直し始めたことで、見えていなかったものが少しずつ見えてきました。「成果を出すために、本当に必要なことは何か」「何をすべきか」そして「何を諦めるべきか」がより明確になってきました。よく言われる**「選択と集中」**です。**生産性を最大化するために、本当に必要なことは何か？**を真剣に考えるようになりま

キャリアのステージが変わるときは自分との対話や内省が今まで以上に必要

自分との対話や内省

した。また数値データを収集・分析し、データドリブンの意思決定をより重視するようになりました。

結局、部下が増えたり、自分の役割や責任の範囲が拡大したりすると、今までのやり方や考え方ではうまくいかなくなります。仮にうまく行っても一時的なものです。

そのため、**キャリアのステージが変わるときは、自分との対話や内省が今まで以上に必要**になります。「役割的に何を求められているのか?」「自分に足りないものは何か?」「自分の強みで活かせるところは何か?」などです。自分の考えや行動などについて深く省み、飛躍的に成長できる機会を活かし、自分自身をアップデートしましょう。

分野別メンターで加速度的に成長する

終身雇用制度や年功序列制度が機能しているときは、ロールモデルを見つけやすかったかもしれません。身近にいるできる先輩や上司の仕事のやり方を学び、従っていけば成長し、出世もして、うまくいったかもしれません。しかし、現代は、ライフスタイルや価値観が多様化しています。そのような見本となる存在で、さらに良きアドバイスをしてくれる「メンター」を見つけるのが以前よりも難しくなっています。

実際に、私自身、決まった特定のメンターはいません。ですが、「この分野ならこの人」に聞こうとか、学ぼうというのはあります。例えば、合理的に考えるならBさん、即断するならIさん、包括的思考ならLさん、主張を曲げないならCさん、人に対して温かく接することができるJさん、きっちり丁寧に仕事するならMさん、微妙なニュアンスを英語で伝えるならDさん、柔軟に変化に対応するならRさん、ユニークを追求するならOさんのように、自分なりに各分野において勝手にメンターを作っていました。**メンターは一人であるべきと限定しないことで、学びのアンテナを広げることができます。**

しかも、それぞれの分野で選んでいるメンターは、その分野を得意としているので、メンター自身のレベルが高く、成長スピードも早いです。メンターから学べることは非常に多く、自分の世界を広げ、自分自身の成長を加速させることができます。

すべての人が自分にとってのメンターになり得ます。普段から周りの人をしっかり分析し、客観的に能力やレベルを把握しようとすることが大切です。

また、**「本当に凄い」と思うメンターの周りには、「この人も凄い」と思うメンターにしたい人がたくさんいます。**人との出会いやご縁を大切にしながら、どうすれば自分の成長を加速できるかを考え、行動しましょう。

公私ともに全力だから、それぞれで成果を出せる

海外の人と仕事をしていると、「教育というのは洗脳だな」とか「縦社会の有無により接し方は違ってくる」など思うことがあります。まったく価値観や考え方が違うからです。

例えば、仕事の取り組みについて、日本や韓国では「仕事だから、辛くても我慢する」という考え方が他の国よりも強く感じます。一方で中国やシンガポールなどでは、「成果

を出したいから徹底してやる」と考える人が多い気がします。さらに、このような考え方の違いがあるため、例えば他の人が休んだり、楽しそうに仕事をしたりしていると嫉妬する人もいれば、そうでない人もいます。

令和上司は、仕事はバリバリこなしますが、プライベートも趣味も大事にします。やりたいことをすべて全力で取り組んでいるイメージです。その都度、うまくバランスをとって、自分のそれぞれの役割を果たしている感じです。

ただ、誤解してはいけないのは、ここでいうバランス、いわゆるワークライフバランスとは、仕事とプライベートを分けて考え、最適な比率をとるというものではありません。その時その時での時間配分や比率はありますが、「一方を増やせば、もう一方が減ってしまう」という考えではありません。

私たちにはいろいろな役割があります。会社では上司として、プライベートでは家族の一員としての役割、地域活動やボランティア活動における役割などです。できる上司は、その都度、やりたいことに集中しています。つまらなそうにやらされているという印象はありません。例えば、**プライベートを普段重視しながらも、ある時期は仕事に長時間没頭し、ときには趣味に夢中になり、どの役割も自分の意志で好んで果たしています。**

私が接してきたグローバルで活躍するリーダーは、公私ともに充実し、何をするにしてもエネルギッシュに活動しているように見えました。自分の意志で、成果を出すためにやるべきことや、やりたいことに集中しています。嫌々ではなく、自分から動き、それぞれの役割をしっかり果たし、価値を生み出しているのです。

ぜひ、自分の中で目的意識を持って、仕事やプライベートなどその時その時でバランスを取りながら、**やりたいことに全力で臨みましょう。そうすることで、仕事においても、より高いパフォーマンスや結果をもたらすでしょう。**

コンディションを整え、成果を出す

メリハリをつけて仕事をする人は増えています。マラソンよりもスプリント（短距離を全力疾走）を意識するスタイルです。長時間働くよりも、限られた時間に集中し、休憩し、集中することを繰り返す働き方です。仕事を段取り、制限時間を設け、スケジューリングして目の前の仕事に集中しています。今の時代に合った、成果を出しやすい仕事の進め方です。ここで必要なことは、実は体力であり、効率よく休息をとることです。

疲れていると、普段よりも集中力は落ち、考えているようでちゃんと考えていないことがあります。次から次へとやってくる課題の解決に手こずり、また思考力や判断力が落ち、ミスや失敗をすることもあります。さらに、周りへの配慮や気配りもおろそかになります。体調が悪いと、明らかにパフォーマンスは落ちます。

そうならないようにしっかり体を鍛え、健康に気を遣い、休息をとりコンディションを整えることが重要です。こういうことを言うと「はいはい、わかっています」という人は結構多いと思いますが、そういう人に限って、「時間がないから運動できない」とできない言い訳をしたり、「ちょっとぐらい体調が悪くても何とかなる」と気合や根性で乗り切ろうとしたりします。みなさんはどうでしょう?

できる上司は例外なく体力があり、全身からエネルギーを発します。そして、それを維持するため、自分のコンディションを整えることに力を入れます。対策は人それぞれです。

例えば、普段は7時間以上睡眠を確保したり、就寝1時間前はPCやスマホを見なかったりします。勤務時間内では、ランチ後に散歩したり、10分ほどの仮眠をとったり、あるいはコーヒーを飲んだりしてリフレッシュします。仕事の合間のちょっとした時間に、ストレッチしたり、窓の外を見たり、1、2分間、目をとじたりしている人もいます。食事や飲みに行く回数を調整する人もいます。

また、ジムでトレーニング、ヨガ、プールなどをしたり、ジョギングやサイクリング、ハイキングなどをしたり、日頃から体を動かしています。国や人種など関係ありません。

できるリーダーであればあるほど、情熱や気力などの前に、体力があります。元気があるため、周りの雰囲気もよくなり、チームとしてパワーがあります。

コンディションを整えることで集中力も高まり、生産性が上がります。限られた時間内で成果を出しやすくなります。また、パフォーマンスを下げない対策にもなります。経験を積めば積むほど、どんな仕事においても、最低限のパフォーマンスを維持することは大切です。成果を出すために、コンディションをしっかり整えましょう。

キャリアをデザインし、自分の道を作り出す

今までに、「○年後の自分」について質問されたことのある人は結構多いと思います。ですが、この質問に答えるのは難しくなってきていると感じています。

私たちは、多種多様な価値観があることを知っています。終身雇用制度が機能していたときのある種決まった人生のレール（例：就職→結婚→マイホーム→…）以外にも、多くの選択肢や道があります。会社が倒産したり、リストラされたりすることもあり得ます。子供の看病や家族の介護など家庭の事情で、これまでとは違う働き方が求められたりもします。つまり、キャリアや人生を計画することは、選択肢が増えたことで、今まで以上に難しくなっているのです。そもそも予定調和な未来はあり得ないのです。

これからは、**キャリアをデザインする意識がより重要**になります。自分の価値観を基に、主体的に行動し、未来を作り上げていくのです。いろいろな選択肢があります。同じ会社で働き続けて出世する、転職する、独立する、複数の会社に勤めるなどさまざまです。

また、これまでのように自営業かサラリーマンか、副業するかどうか、仕事かプライベー

トかというような二択で考えるものではなくなってきています。そのため、今まで以上に自分でキャリアを設計することが求められているのです。自己実現するためにも、自分自身を知ろうとすることが重要です。自分との対話が必要になります。

キャリアをデザインする上で、よく3つの問いをすることが大切だと言われます。

①「何がしたいですか？（Ｗｉｌｌ）」

「どんなことが好きですか？」「楽しいですか？」「どんなことに興味がありますか？」などを自問すると、答えやすいかもしれません。「なぜ、そう思うのか？」を確認することは大切です。「なぜなぜ」を繰り返し、徹底的に考えましょう。そうすることで、自分の価値観や大事にしていることに気づき、やりたいことが少しずつ見えてきます。

②「何ができますか？（Ｃａｎ）」

要するに、実績と能力です。具体的に何をやり遂げたかを数値で考えます。例えば、「講演経験多数」ではなく「過去3年間で200回以上講演」と表現する方がイメージしやす

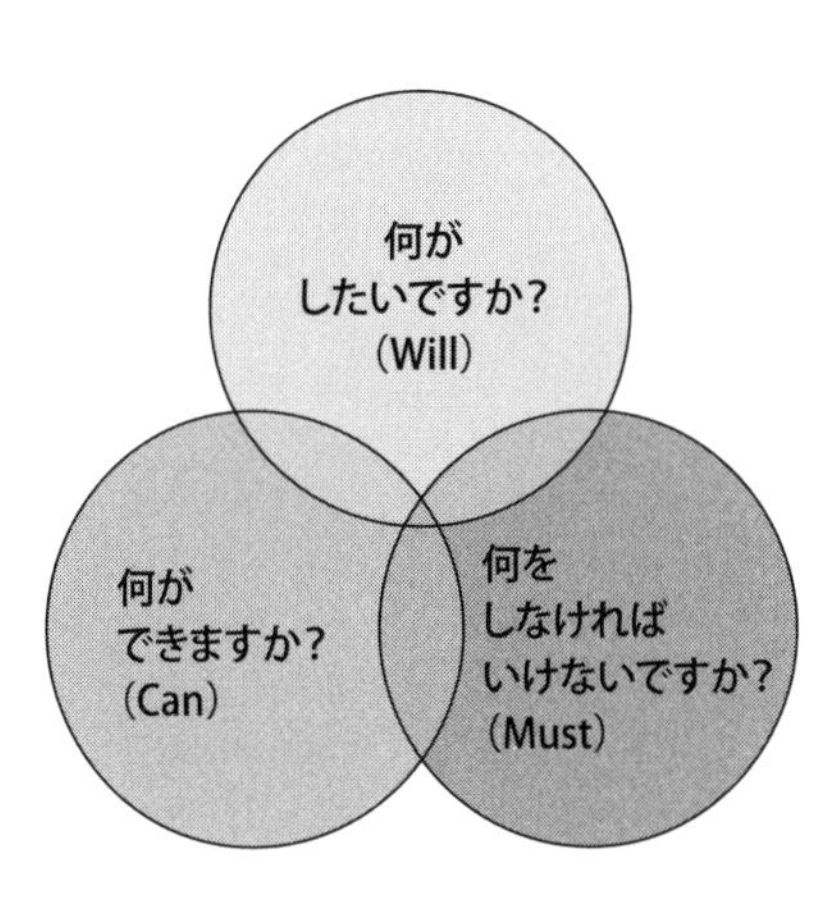

キャリアデザインの３つの問い

いでしょう。また、「コーチングが得意」というよりは「コーチング中心の『１on１』を年間１００回」と表現する方がわかりやすいでしょう。また実績がなくても、他に持っている能力やスキルを整理することも、可能性を広げる意味では大切です。

③「何をしなければいけないですか？（Must）」

これは、自分起点で考えるのではなく、相手起点で考えます。企業、社会が求めていることに対して何ができるかです。マーケティング的な思考になりますが、相手のニーズを見つけ、どうそのニーズを満たすことができるかを考えます。

これらを踏まえて、「自分はどうなりたいのか？」というゴールを設定するといいでしょう。そして、そのゴールを達成するために必要なことを具体的に洗い出し、どう進めていくか計画して、実行していくのです。自分に素直になり、自分の価値観を大切にしましょう。

強烈な好奇心で変化を生み出す

令和上司は、「変革」や「改革」を志向します。あらゆることに「どういうことなのか？」「どうしてなのか？」「なぜなのか？」など異常なほど関心や興味を持ち、どんどん新しいことに挑戦したり、改善や工夫を試みたりします。

私が、入社したばかりの米国にいる部門のトップと、初めてやり取りしたときの話です。「入ったばかりでよくわからないので、今やっている○○というプロジェクトについて、少し教えてほしい」と聞かれたので、軽いノリで「いいですよ」と答えました。

すると、丁寧に聞いてくれるのですが、次々と質問が飛んできます。初めてのやりとりにもかかわらず、気づけば20～30の質問を立て続けにされました。しかも数値や具体的な回答を引き出す質問ばかりで、曖昧な質問をしてきません。

令和上司は、強烈な好奇心を持っています。スイッチが入れば、細部にとことんこだわります。とにかく現状に満足しません。新たな製品やサービス作りだけではなく、当たり前のようにやっている業務やプロジェクトに関しても、「もっと効率的にできないのか?」「もっといい方法はないのか?」と**「もっと」を追求します。**どんどん良くしようとします。今あるものややり方を変えていこうとします。「初めてだから」「知らないから」「わからないから」と言い訳をせず、目の前にある仕事に情熱を持って取り組みます。

この**強烈な好奇心は、変革や改革の源泉**です。好奇心を高めるには、普段からアンテナを張る必要があります。知らないことがあれば調べます。いつもとは違う行動をトライします。当たり前だと思うことを、できる上司は確実に実践しています。

好奇心を刺激されるよう、普段からいろいろ物事に触れましょう。そして、自分が熱中できる、あるいは夢中になれる「疑問」や「質問」をどんどん見つけていきましょう。それが変化の始まりです。

第10章　まとめ

- 「育て方」を学び、実行すると効率的に成長できる
- キャリアの段階が変わるときはやり方を見直すチャンス
- それぞれの分野でメンターを見つける
- 仕事で成果を出すために、公私ともに全力で望む
- 情熱や気力云々の前に体力をつける
- 自分との対話を増やし、キャリアを設計する
- 変化を生み出すために、常に好奇心を持つ

チェックしましょう！

- □ 最近、自分磨きや学びの時間が取れていない（➜ P272）
- □ 今までのやり方や考え方にとらわれがち（➜ P274）
- □ ロールモデルは一つだけだと思っている（➜ P277）
- □ 仕事とプライベートを分けて考えている（➜ P278）
- □ 時間がないから運動できていない（➜ P280）
- □ キャリア設計をしたことがない（➜ P283）
- □ 現状に満足しがち（➜ P286）

※チェックがついたら本章を読み返しましょう

おわりに

「仕事は見て盗むものだ」とか「頑張れば何とかなる」という感覚を持つ、昭和型の上司はまだまだいます。業界や職種にもよりますが、その昭和上司の徹底した指導（今で言うパワハラ指導）で鍛えられ、影響を大きく受けている「平成上司」も結構います。

このような上司は、仕事では厳しくしても、義理人情に厚く、顔を合わせて話すスタイルで仕事を進めます。みんなが気持ちよく仕事ができるように、飲み会などの場でフォローをして、お互いのことを知ろうと考えている人も少なくありません。

平成に入り、携帯電話が使われ始め、後半にはインターネットとスマートフォンが登場し、人と会わないコミュニケーションが主流になりました。このあたりから世代間ギャップが大きくなりました。さらに、管理者である上司自身がプレーヤーとしての業務をこなさなければならないことが増え、部下育成をしたくても、多忙でその時間がなかなか取れないということが起きてきました。また、上司による飲みニケーションの強要は、平成ではパワハラになりました。

このような背景があり、コミュニケーションの絶対量が減り、お互いを理解することが難しくなりました。転職する人も増え、今までの仕事の進め方ややり方をアップデートする必要が出てきました。それは、つまり昭和上司の当たり前が、平成後半の社員の当たり前ではなくなったということです。

さて、今は令和の時代です。今年2020年は、新型コロナウイルス（COVID‐19）への対策として、テレワークを推奨する企業も増えてきました。好むと好まざるとにかかわらず、この不確実な時代、そして「ニューノーマル」な世界に向けて、これまでの当たり前、前提条件を見直すことが必須です。従来のように、会社に集まり、阿吽の呼吸のようなコミュニケーションでやってきた、昭和型の仕事の仕方やマネジメントから、成果型の仕事の仕方に変わり、マネジメントスタイルも同じように変わるちょうど過渡期にいます。

新しい当たり前にのっとって、自分自身を変えていかなければならない、そんな状況にあります。ですが、根本的なところは変わりません。ビジネスの本質は『人』です。人と人とのつながりや関わり合いで成り立っているからです。コミュニケーションほど、大事なことはないのです。しかし、「部下とのコミュニケーションをよくとりましょう」という一言は、言うは易く行うは難しです。特に、令和の環境において、部下とコミュニケーションをきちんととれておらず、部下がわからないと悩む上司は多いのではないでしょうか。

そこで、本書では部下とのコミュニケーションを重視し、相手を育て、力を引き出すことを中心に紹介してきました。

「自分は、ここまでできない」と感じる人もいるかもしれません。「だいたいわかる(でも、難しいんだよ…)」と思う人も多いと思います。「どうして、そんなことまでやらないといけないのか。自分はやってもらったことがない」と疑問に思う人もいるかもしれません。

ただ、みなさんが部下だったときのことを思い返してみてください、本書で説明してきたことは、何も特別なことではないと思います。グローバル企業で人を大切にしている会社なら、当たり前のようにやっていることです。また部下から見れば、普通に期待するようなことではないでしょうか。

「知っている」と「やっている」では、成果を出す上で、雲泥の差があります。私が関わってきたグローバルで活躍しているリーダーは間違いなく実行しています。「重要なことをやるため、目の前の業務をやらない」「多少、他の人に迷惑をかけるかもしれないけど、部下に任せる」「部下がコミュニケーションを避けようとしても、逃さずに話し合う」どれも、やるからには本気です。妥協を許さず、徹底的に実行します。行動するからこそ、部下は想像以上に成長し、チームとして圧倒的な成果を出します。

わかっているけど、なかなかできないという人はいます。何でもかんでも、新しいことをやろうと考えなくてもいいと思います。また経営者でなければ、根本的に変えようと思う必要もないと思います。自分の周りから、できていないことを少しずつやってみる。ちょっとでもできるようになったら、それを徹底的にやっていこうとすることが大切です。令和時代に活躍する上司は、事実を基に合理的に考え、実行します。相手の考えを尊重し、相手が抱えている悩みそのものに共感し、サポートします。相手の力を引き出します。あなた自身も、チームや部下からの協力を得て課題を解決し、一緒に進んでいけます。

あなたが本気になれば、気持ちよく仕事ができる世界を作り上げることができます。

みなさんなら、きっとできます。ぜひとも一人でも多くの方が、本書で紹介してきた「令和上司」のように実践していただけたら、著者としてこの上ない喜びです。

※※※

本書を読んで興味を持ってくださった方は、感想や質問を私あてにお送りいただけば、お返事させていただきます。令和上司として、ご自身がどう変わられたのかを教えていただけるとありがたいです。さらにご希望の方には、すべての章のチェックリスト一覧をまとめたPDFをご提供します。ビジネスファイターズ（https://bizfighters.com）の問い合わせページからお願いいたします。

また、経営やマーケティング、人材育成などでお困りのことがありましたら、遠慮なくご相談ください。きっと何かのヒントや参考になると思います。

最後に、この本の執筆にご協力いただいた方、全員に感謝申し上げます。

2020年9月

飯田剛弘

本書の執筆にご協力いただきました〈敬称略：順不同〉

秋山正史
浅野英孝
安藤保彦
家入龍太
伊沢達也
石川雅也
伊藤彰俊
伊東裕揮
伊東圭昌
岩田大助
宇田川勝隆
大浦　誠
大久保文正
大谷　裕
大谷みさお
大野耕司
大道隆久
岡田登志夫
岡部賢太郎
岡元　淳
奥富宏幸
加藤大典
唐松孝明
川野和之
喜古　学
岸　謙一
北川雅敏
木村行寿
小清水直子
後藤勇二
佐々木淳
佐々木程子
佐藤太加寛
四ノ宮嘉隆
柴田梨江
芝村　崇
新久保浩二
須貝周授
菅原伸昭
鈴木壽人
高城信幸
滝川資生
竹内秀行
竹下ユリア
田中庸一
田村智子
津留大介
鳥谷浩志
中澤　賢
中島益次郎
中園孝子
中村寛治
中元一雄
奈良雅弘
成田裕亮
西上和宏
二谷直樹
畑山博光
八田朝子
花野一仁
原田ゆみ子
林　優子
平井俊之
平野清嗣
福田健太郎
福冨真吾
古谷賢一
紅井智弘
堀井真妃子
増山芳治
松浦　修
松田秀信
松永　圭
村上智広
丸山哲也
村田崇治
村中嘉代子
守谷貴絵
矢島俊克
山岡大介
吉田仁代
淀　幹夫
和田匡史
渡邉希世乃
渡辺友莉

著者紹介

飯田 剛弘（いいだ よしひろ）

愛知県生まれ。2001年、南オレゴン大学卒業(全米大学優等生協会:Phi Kappa Phi 所属)後、インサイトテクノロジー入社。2004年よりインド企業とのソフトウェア共同開発プロジェクトに従事。その傍ら、プロジェクトマネジメント協会(PMI)の標準本の出版翻訳に携わる。マーケティングに特化後は、データベース監査市場にて2年連続シェア1位獲得に貢献。市場シェアを25.6%から47.9%に伸ばす(ミック経済研究所)。

製造業の外資系企業FAROでは、日本、韓国、東南アジア、オセアニアのマーケティング責任者として、日本から海外にいるリモートチームをマネジメント。アジア太平洋地域でのマーケティングやプロジェクトに取り組む。人材育成や多様性のあるチーム作りにも力を入れ、1on1ミーティングは1,000回を超える。

2020年、ビジネスファイターズ合同会社を設立。現在、多様なメンバーと協働し、グローバルビジネスで結果を出してきた経験を基に、経営やマーケティングの支援、グローバル人材の育成やリモートチームのマネジメント支援(研修・講習・執筆)など多方面で活動中。

著書に『童話でわかるプロジェクトマネジメント』(秀和システム)、『仕事は「段取りとスケジュール」で9割決まる!』(明日香出版社)、『こじらせ仕事のトリセツ』(技術評論社)がある。

令和上司のすすめ
「部下の力を引き出す」は最高の仕事

NDC336

2020年9月23日　初版1刷発行　（定価はカバーに表示してあります）

©著　者　飯田剛弘
発行者　井水治博
発行所　日刊工業新聞社
〒103-8548　東京都中央区日本橋小網町14-1
書籍編集部　電話 03-5644-7490
販売・管理部　電話 03-5644-7410　FAX03-5644-7400
U R L　https://www.pub.nikkan.co.jp/
e-mail　info@media.nikkan.co.jp
振替口座　00190-2-186076
D T P　㈱志岐デザイン事務所
印刷・製本　新日本印刷㈱

2020 Printed in Japan　落丁・乱丁本はお取り替えいたします。
ISBN 978-4-526-08086-9　C3034